73 CRIME & DETECTION	74 RUSSIA	75 LIGHT	76 ENERGY	77 ELECTRICITY	78 FORCE & MOTION	79 CHEMISTRY	80 MATTER
81 TIME & SPACE	82 ASTRONOMY	83 EARTH	84 LIFE	85 EVOLUTION	86 ECOLOGY	HUMAN BODY	MEDICINE
89 TECHNOLOGY	90 ELECTRONICS	91 RENAISSANCE	92 IMPRESSIONISM	93 GOYA	94 MANET	95 MONET	96 VAN GOGH
97 WATERCOLOR	98 PERSPECTIVE	99 DANCE	100 FUTURE	101 MYTHOLOGY	102 LEONARDO & HIS TIMES	103 OLYMPICS	104 MEDIA & COMMUNICATION
105 TITANIC	106 FOOTBALL	107 HURRICANE & TORNADO	108 SOCCER	109 PRESIDENTS	110 BASEBALL	111 EPIDEMIC	112 WORLD WAR II
113 SUPER BOWL	114 CIVIL WAR	115 RESCUE	116 EVEREST	117 FIRST LADIES	118 WORLD WAR I	119 SHAKESPEARE	120 WILD WEST
121 AMERICAN REVOLUTION	122 INDIA	123 ISLAM	124 CHRISTIANITY	125 UNIVERSE	126 JUDAISM	127 BASKETBALL	128 BUDDHISM
129 SUBMARINE	130 TEXAS	131 ROBOT					

AZTECAS, INCAS Y MAYAS

Puñal
azteca de
sacrificios

Utensilios
agrícolas
mesoamericanas

Urna ceremo-
nial de Chac,
dios maya de
la lluvia

Ornamento de momia peruana

Los aztecas ofrecían
clavelones a las diosas

Flauta azteca de cerámica

Vasija mochica
con pescador en
balsa de madera

Vaso con
retrato
de plata,
Perú

Máscara olmeca
de jade

GUÍAS VISUALES

Mortero y mano
con chiles

AZTECAS, INCAS Y MAYAS

Escrito por
ELIZABETH BAQUEDANO

Fotografía de
MICHEL ZABÉ

Comandante del ejército azteca

Máscara de
calavera azteca

Collar inca de cuentas de
turquesas, conchas y oro

DK Publishing, Inc

Caballero coyote
tolteca cubierto con
mosaico de nácar

Guerrero con tocado de plumas

Collar de jade zapoteca

Muñeca chancay

DK

LONDRES, NUEVA YORK, MÚNICH, MELBOURNE Y DELHI

Título original de la obra: *Aztec*
Copyright © 1993 Dorling Kindersley Limited

Editora del proyecto Christine Webb
Editor de arte Andrew Nash
Jefa de redacción Helen Parker
Directora de arte Julia Harris
Producción Louise Barratt
Investigación iconográfica Cynthia Hole
Investigación Céline Carez
Fotografía adicional Andy Crawford y Dave Rudkin

Editora en E.E. U.U. Elizabeth Hester
Asesor Producciones Smith Muñiz

Edición en español preparada por
Alquimia Ediciones, S.A. de C.V.
Río Balsas 127, 1° piso, Col. Cuauhtémoc,
C.P. 06500, México, D.F.

Primera edición estadounidense, 2004
04 05 06 07 08 10 9 8 7 6 5 4 3 2 1

Publicado en Estados Unidos por DK Publishing, Inc.
375 Hudson Street, New York, New York 10014

Los créditos de la página 64 forman parte de esta página.

Publicado en Gran Bretaña por Dorling Kindersley Limited.

A catalog record for this book is available from the Library of Congress.

ISBN 0-7566-0410-9

Reproducción a color por Colourscan, Singapur
Impreso y encuadernado por Toppan Printing Co. (Shenzhen) Ltd.

Descubra más en
www.dk.com

Guerrero tolteca

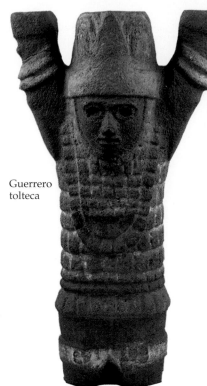

Abanico de plumas

Cabeza mixteca

Tocado de plumas peruano

Contenido

Chacmool en el
Templo Mayor de
los aztecas

Aztecas, incas y mayas

EL PUEBLO MAYA
El reino maya surgió alrededor del 1000 a.C., y duró hasta 1697 d.C. Los mayas compartían una cultura y religión similares, pero no tenían una capital ni un gobernante único. Cada ciudad se gobernaba a sí misma y tenía su propio gobernante noble. Figuras mayas como ésta, de la isla de Jaina, han sido una gran fuente de información sobre la vida y costumbres del pueblo maya.

EN EL SIGLO XVI, los exploradores españoles encontraron en las Américas dos grandes civilizaciones: una en Mesoamérica (territorio controlado por los aztecas y los mayas durante la conquista) y la otra en Sudamérica (región central de los Andes dominado por los incas). La gente de estas regiones era una mezcla de tribus y naciones, cuyos grandes logros incluyen piezas maestras de arte, ciudades espectaculares y un acercamiento único a la vida. Las sólidas bases de organización económica, política y social típicas de cada uno de estos imperios ya habían sido establecidas por culturas anteriores.

Collar con ornamento

Arete grande

Figura en barro de un hombre maya poderoso

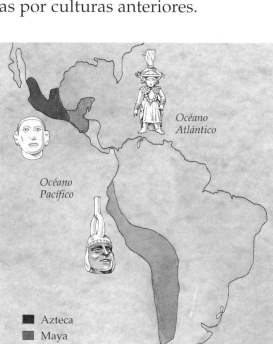

Azteca
Maya
Inca

Océano Atlántico

Océano Pacífico

CENTRO Y SUDAMÉRICA
El imperio azteca, con capital en Tenochtitlán, se extendía entre las costas mesoamericanas del Pacífico y del Atlántico, mientras que el reino maya estaba asentado en la parte este de Mesoamérica. El imperio inca abarcaba 2,500 millas (4,000 km) a lo largo de la costa oeste de Sudamérica.

MAYAS INSTRUIDOS
Los mayas sobresalían en aritmética y astronomía, así como en su propia escritura de jeroglíficos (págs. 40-41). Sin embargo, los cuatro códices mayas que existen en la actualidad dicen poco de su historia, aunque tratan temas de rituales, astronomía y calendarios.

Los mayas eran bajos y robustos. Tenían ojos rasgados y oscuros, y cabello negro.

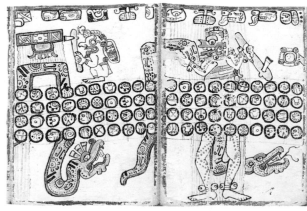

Códice maya

LA FUNDACIÓN DE TENOCHTITLÁN

Según la mitología azteca, Huitzilopochtli, el dios de la tribu, prometió mostrar a su pueblo el lugar donde se establecerían y levantarían su gran capital Tenochtitlán. Les dio la tarea de buscar un águila posada sobre un cactus devorando una serpiente. Esta primera página del Códice Mendocino, libro que cuenta la historia de los aztecas, ilustra la fundación de Tenochtitlán en 1325 ó 1345. La Ciudad de México está construida sobre el mismo lugar.

ORO INCA

Los incas sobresalían en el manejo de metales, como la plata, el bronce y el oro (págs. 50-51). Figuras como ésta se hallaron en ofrendas a dioses.

Vaso de madera, o *kero*, con decoración de un hombre inca sosteniendo una lanza y un escudo

LOS AZTECAS

Los aztecas fueron una tribu nómada antes de colonizar el Valle de México y fundar Tenochtitlán en tierra pantanosa en el Lago de Texcoco. Creció en tamaño e importancia hasta convertirse en la capital del poderoso imperio azteca. Los aztecas conquistaron muchos pueblos, a los cuales exigían tributo (págs. 26-27). Los aztecas eran bajos y fornidos, de piel oscura y cara ancha.

Los aztecas tenían cabello grueso

EL PUEBLO DE LOS ANDES

El imperio inca fue el estado más importante en las tierras altas de los Andes en 1438, cuando conquistó el área alrededor de la ciudad de Cuzco y la hizo su capital. Los incas conquistaron provincias y las incorporaron a su imperio. Gracias a su eficaz sistema administrativo, tenían control sobre todo el imperio. Por lo general, la gente del área de los Andes era baja, de cabello negro y lacio, y de piel oscura.

Ojos almendrados

Pómulos salientes

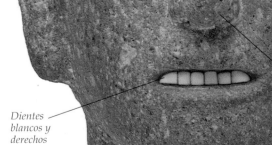

Dientes blancos y derechos

Nariz aguileña

Cabeza azteca de piedra

Vasija mochica de barro con cara

Mesoamericanos

MESOAMÉRICA es una de las dos áreas de las Américas (la otra está en los Andes centrales) que tuvo civilizaciones urbanas, o "altas culturas", en la época de la conquista española en 1519. El hecho de construir pirámides y templos espectaculares (págs. 30-31), tener grandes mercados (págs. 26-27), juego de pelota (págs. 58-59), calendario sagrado, escritura jeroglífica (págs. 40-41), un conjunto de dioses (págs. 32-33)y practicar sacrificios humanos (págs. 36-37), distingue a los mesoamericanos de sus vecinos. Su historia está dividida en tres periodos principales: el preclásico, el clásico y el posclásico, que van del 2000 a.C. hasta la conquista española (págs. 62-63). Durante estos periodos, Mesoamérica vio el desarrollo y la caída de muchas civilizaciones. Los olmecas fueron la cultura predominante en el periodo preclásico. El periodo clásico vio el desarrollo de la poderosa cultura teotihuacana. El periodo posclásico fue de militarismo, luchas e imperios en guerra, como los toltecas y los aztecas.

AZTECAS GUERREROS
En su esplendor, el imperio azteca era fuerte y próspero. El poderoso ejército azteca tenía control sobre las áreas conquistadas. Esta ilustración muestra a un comandante del ejército.

RITUAL MAYA
La religión era el centro de la vida de todos los mayas. Uno de los mayores logros de los mayas fue la construcción de hermosos templos y otros edificios en honor a sus dioses. Éstos se decoraban con tallados como este dintel que muestra a una mujer sacando sangre de su lengua. El autosacrificio era común en toda Mesoamérica.

MAPA DE MESOAMÉRICA
Mesoamérica es tanto una región geográfica como cultural. Al tiempo de la conquista española, incluía lo que es ahora el centro y sur de México y la Península de Yucatán, Guatemala, Belice, El Salvador, la mayor parte del oeste de Honduras, y una pequeña parte de Nicaragua y del norte de Costa Rica.

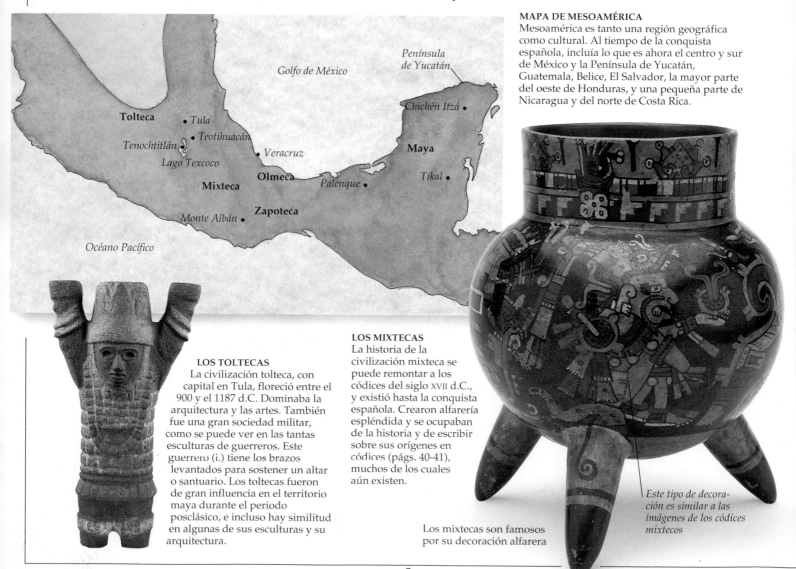

Golfo de México
Península de Yucatán
Tolteca
Tula
Teotihuacán
Tenochtitlán
Chichén Itzá
Lago Texcoco
Veracruz
Maya
Olmeca
Mixteca
Palenque
Tikal
Monte Albán
Zapoteca
Océano Pacífico

LOS TOLTECAS
La civilización tolteca, con capital en Tula, floreció entre el 900 y el 1187 d.C. Dominaba la arquitectura y las artes. También fue una gran sociedad militar, como se puede ver en las tantas esculturas de guerreros. Este guerrero (i.) tiene los brazos levantados para sostener un altar o santuario. Los toltecas fueron de gran influencia en el territorio maya durante el periodo posclásico, e incluso hay similitud en algunas de sus esculturas y su arquitectura.

LOS MIXTECAS
La historia de la civilización mixteca se puede remontar a los códices del siglo XVII d.C., y existió hasta la conquista española. Crearon alfarería espléndida y se ocupaban de la historia y de escribir sobre sus orígenes en códices (págs. 40-41), muchos de los cuales aún existen.

Este tipo de decoración es similar a las imágenes de los códices mixtecos

Los mixtecas son famosos por su decoración alfarera

TEOTIHUACÁN

La cultura teotihuacana floreció entre el año 1 y el 750 d.C. Teotihuacán es una de las ciudades más impresionantes de las Américas. La cultura teotihuacana fue la más influyente en Mesoamérica. Se sabe poco de la apariencia física de la gente, pero las máscaras halladas en Teotihuacán nos dan una clara idea de cómo eran.

Orificio en el lóbulo para arete

Quizá las máscaras representaban la muerte

Máscara de jade teotihuacana

Cabeza de basalto que mide 5 pies (1.5 m) de alto y pesa más de 20 toneladas

CABEZA COLOSAL

Se han encontrado muchas cabezas como ésta (ar.) en el centro olmeca en la región de la costa del Golfo. Quizá representan las cabezas de jugadores de pelota, de gobernantes o de jefes.

LOS OLMECAS

La civilización olmeca floreció entre el 1200 y el 200 a.C. Su legado a otras culturas en Mesoamérica incluye montículos con plataformas, plazas, canchas de pelota y escritura jeroglífica. Se han descubierto artefactos olmecas en muchas partes de Mesoamérica. Su arte es naturalista y simbólico. Esta figura parece representar un bebé sin cabello.

Rasgos faciales parecidos a los de la gente del sureste de Asia

Noble zapoteca probándose un tocado con joyas detalle de una pintura de Diego Rivera llamada *Cultivo de maíz.*

CIVILIZACIÓN ZAPOTECA

Los zapotecas, cuya capital era Monte Albán, se establecieron alrededor del año 600 a.C. y decayeron alrededor del 800 d.C. El estado zapoteca fue uno de los más vastos en su momento en Mesoamérica. Los zapotecas sobresalieron en el trabajo con plumas y en la elaboración de joyería de oro.

Figura olmeca de un bebé sin cabello

Los incas y sus antepasados

ANTES DE QUE el imperio alcanzara su cumbre en Sudamérica, muchas culturas de los Andes ya habían elaborado un esquema para su éxito. Estas culturas no dejaron testimonios escritos de su historia, y todo lo que se sabe de ellos proviene del estudio de su arquitectura, alfarería y los vestigios hallados en sus tumbas. Los arqueólogos han identificado distintos periodos de crecimiento cultural que culminó con los incas. Las primeras sociedades complejas se formaron alrededor de 1800 a.C. Entre esta época y el crecimiento de los incas a mediados del siglo XV, surgieron diversas culturas que fueron civilizaciones cada vez mejor organizadas con estructuras sociales, sistemas políticos y económicos, artesanos especializados y una religión que adoraba a varios dioses. A lo largo de la costa desierta de Perú había estados civilizados como Nazca, Moche y Chimú. En las tierras altas, los huari y los tiahuanaco eran culturas bien organizadas. Entre 1438 y 1534 d.C., todos estos elementos se unieron y mejoraron bajo el imperio inca.

NAZCA
Los nazca habitaron los valles de la costa sur de Perú del 300 a.C. al 600 d.C., y eran conocidos por sus artesanías, incluyendo textiles y trabajo en metales. Sin embargo, lo que distingue a la civilización nazca es la alfarería, que está decorada con escenas tanto reales como mitológicas.

INCAS NOBLES
Estas escenas pintadas sobre vasijas y otros objetos nos enseñan más sobre la vida y cultura andina. Por ejemplo, los incas nobles usaban una lanza o *kero*, como lo muestra esta pintura.

TIAHUANACO
El imperio tiahuanaco de las tierras altas de Perú floreció entre el 500 y el 650 d.C. Fue un estado fuerte con un centro ceremonial imponente.

Mochica de clase alta con una cinta de pelo con decoración de jaguar y aretes

Jaguar tiahuanaco

MOCHICA
El pueblo mochica floreció en la costa desierta del norte de Perú entre aproximadamente el tiempo de Cristo y el 600 d.C. Eran expertos orfebres y tejedores, así como buenos alfareros. Sus representaciones de gente, plantas, animales y dioses en una amplia gama de actividades nos dan una idea de su vida.

HUARI
Los huari (500 a 900 d.C.) eran vecinos de los tiahuanaco. Tenían un estado bien organizado con sistemas de irrigación avanzados y un estilo arquitectónico peculiar. Se expandieron gracias a la conquista de áreas aledañas. Otras culturas andinas adoptaron muchas ideas huari, como las técnicas de alfarería. Los huari también tenían su propio estilo artístico. Un tema común es una figura como ésta de un "ángel" alado.

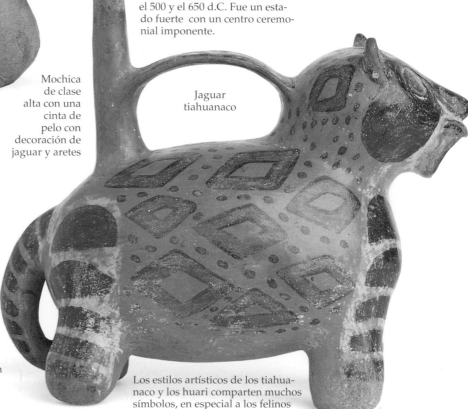

Los estilos artísticos de los tiahuanaco y los huari comparten muchos símbolos, en especial a los felinos

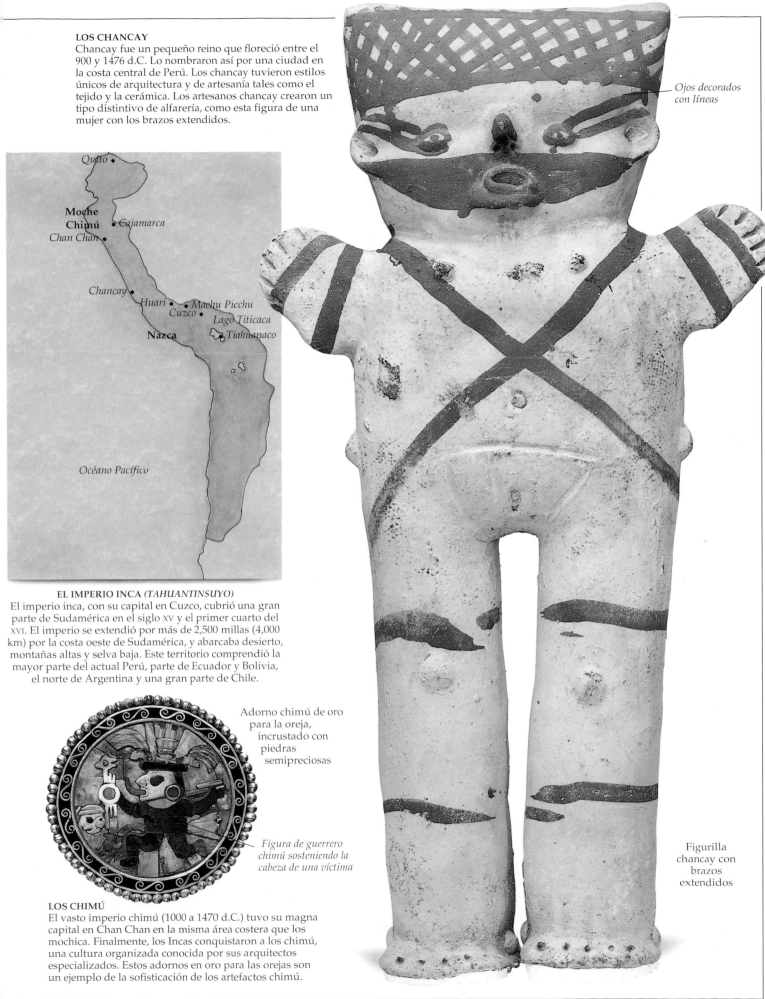

LOS CHANCAY

Chancay fue un pequeño reino que floreció entre el 900 y 1476 d.C. Lo nombraron así por una ciudad en la costa central de Perú. Los chancay tuvieron estilos únicos de arquitectura y de artesanía tales como el tejido y la cerámica. Los artesanos chancay crearon un tipo distintivo de alfarería, como esta figura de una mujer con los brazos extendidos.

Ojos decorados con líneas

EL IMPERIO INCA *(TAHUANTINSUYO)*

El imperio inca, con su capital en Cuzco, cubrió una gran parte de Sudamérica en el siglo XV y el primer cuarto del XVI. El imperio se extendió por más de 2,500 millas (4,000 km) por la costa oeste de Sudamérica, y abarcaba desierto, montañas altas y selva baja. Este territorio comprendió la mayor parte del actual Perú, parte de Ecuador y Bolivia, el norte de Argentina y una gran parte de Chile.

Adorno chimú de oro para la oreja, incrustado con piedras semipreciosas

Figura de guerrero chimú sosteniendo la cabeza de una víctima

LOS CHIMÚ

El vasto imperio chimú (1000 a 1470 d.C.) tuvo su magna capital en Chan Chan en la misma área costera que los mochica. Finalmente, los Incas conquistaron a los chimú, una cultura organizada conocida por sus arquitectos especializados. Estos adornos en oro para las orejas son un ejemplo de la sofisticación de los artefactos chimú.

Figurilla chancay con brazos extendidos

11

Agricultura

LA AGRICULTURA ERA VITAL en la época precolombina. Los agricultores usaban métodos sofisticados de cultivo, y en la época de la conquista española (p. 62) los antiguos americanos eran los más grandes cultivadores de plantas en el mundo. El maíz, proveniente de Mesoamérica, y las papas, procedentes de los Andes (págs. 24-25), fueron algunas de las contribuciones a la dieta europea. El trabajo humano era vital en ambas regiones, debido a que no había animales de carga en Mesoamérica. Los andinos sólo tenían a la llama, que podía cargar poco peso. Los métodos de agricultura variaban dependiendo del clima y la geografía del área. Para los aztecas, los cultivos más productivos crecían en las chinampas, que son terrenos construidos en lagos pantanosos.

DIOSA DE LA AGRICULTURA
Este incensario (usado para quemar una resina llamada copal) representa a una diosa de la agricultura. Por lo general, se les adornaba con un abanico de papel plisado como éste.

CONSTRUCCIÓN DE CHINAMPAS (ab.)
Las chinampas eran rectángulos estrechos de terreno que se trazaban en lagos pantanosos. Entre ellas se construían canales angostos para el paso de canoas. Cada chinampa se edificaba con gruesas capas de plantas acuáticas que se cortaban de la superficie del lago y con lodo del fondo, y todo se apilaba para formar los terrenos. Se plantaban sauces alrededor de la orilla de cada chinampa para darles más firmeza.

SOLARES FÉRTILES
Las cosechas de vegetales y flores, al igual que plantas medicinales y hierbas, se cultivaban en las chinampas fértiles.

La tierra del fondo del lago se usaba como fertilizante

Maíz

Caza y pesca

LA CAZA Y LA PESCA fueron actividades importantes en Mesoamérica y las regiones de los Andes. La carne y el pescado eran parte de la dieta, dependiendo de lo que hubiera en el área. La fauna era más abundante en las montañas altas del norte, donde deambulaban grandes mamíferos como las vicuñas (de la familia de la llama) y los venados. En Mesoamérica, las criaturas más grandes eran los pécaris (de la familia del cerdo) y los venados. Se cazaban con arcos y flechas. Los animales más pequeños como conejos y perros se atrapaban con redes. Los mesoamericanos y sudamericanos pescaban mariscos, peces grandes y hasta mamíferos acuáticos con redes, arpones y cañas. Fabricaban sus anzuelos con espinas resistentes de cactus, conchas y huesos. En Sudamérica también los hacían de cobre.

PEZ DE JADE
Los peces y la vida marina inspiraron la decoración de alfarería y los objetos de jade.

EN LA RED
La caza con redes de aves acuáticas se extendió por Mesoamérica en las áreas con lagos.

Red atada a la espalda del pescador

Los aztecas y los mayas elaboraban sus canoas con troncos huecos de árboles

SALIR A PESCAR
Esta vasija moche con pico y asa de estribo representa a un pescador en una balsa de madera, escena típica en la costa peruana.

TRADICIÓN FAMILIAR
Muchos comercios, como el de la pesca, se heredaban de padre a hijo. A los niños se les enseñaba a pescar desde chicos y a los 14 años pescaban solos.

RED PARA PESCAR
Gracias al sistema de lagos en Tenochtitlán y sus alrededores, la gente tenía peces y aves marinas, agua fresca para beber e irrigación para los cultivos. En ocasiones, los peces se llevaban en canoas a los mercados para venderlos. Muchas redes en el México actual son similares a las que hacían los aztecas y otros pueblos mesoamericanos. La red más común para los aztecas tenía forma de bolsa como ésta, y estaba hecha de fibra de la planta del agave.

Balsa de junco entretejido

BALSA DE JUNCO
Para la navegación se usaban balsas de junco, ya que había poca madera y casi no crecían árboles en estas zonas. Este tipo de balsa se sigue usando en los altos Andes alrededor del Lago Titicaca y en la costa. A las balsas de entre 14.5 y 20 pies (4.5 y 6.1 m) de largo se les equipaba con un mástil de madera para alzar y bajar la vela de junco.

Hoja larga y ancha

PALOS PARA EXCAVAR
Los palos para excavar se hacían con maderas resistentes y duraderas.

UTENSILIO DEL AGRICULTOR
El azadón, o *uictli*, era el principal utensilio del agricultor. Estos instrumentos se usaban para diversos trabajos, como cavar y sembrar.

SIEMBRA DE SEMILLAS
La ilustración tomada del Códice Florentino muestra un agricultor azteca sembrando maíz con un azadón.

TEMPORADA DE COSECHA
La vida en Mesoamérica y en los Andes giraba en torno a las épocas de siembra, cultivo y cosecha, del maíz, por ejemplo.

CULTIVO DE MAÍZ
El maíz era el alimento básico tanto de los mayas como de los aztecas. Hoy sigue siendo importante.

Mango de madera

Cabeza de piedra

HACHA
Las hachas se usaban para cortar o martillar.

Vasija nazca de un agricultor con plantas

VASIJA DE MAZORCA
Por lo general, la alfarería andina tenía la forma de la fruta y los vegetales de cultivo. El maíz, originario de Mesoamérica, se cultivaba en gran medida en las Américas.

Piedra unida con una cuerda

AZADÓN
Este utensilio se usaba como pala para remover la tierra.

TERRAZAS EN MACHU PICCHU
Para aprovechar al máximo sus cosechas, los incas usaban métodos sofisticados de terracería e irrigación en laderas y tierras altas. Al construir terrazas podían usar más tierra para cultivar y evitar su erosión ocasionada por el viento y la lluvia.

CUIDADO DE CULTIVOS
En la región de los Andes, la vida se basaba en el cultivo. Los agricultores cuidaban sus cultivos con utensilios simples como los azadones.

ESCENA DE LA CAZA DE VENADO

Este hermoso plato maya de Yucatán, decorado con pintura negra y anaranjada, muestra una escena vívida de cacería. El cazador al centro carga sobre su cabeza y espalda al venado que ha capturado. Alrededor de esta imagen hay más cazadores con máscaras de venado para poder distraer al animal que quieren atrapar.

Cazador cargando venado

Cazador disfrazado de presa

ARMA LETAL

Los cazadores y los soldados incas usaban hondas como armas de largo alcance. Estaban hechas de lana trenzada de llama. La piedra se colocaba en una pequeña cuna, se sostenían ambos extremos y la honda se giraba alrededor de la cabeza. Cuando se soltaba un extremo, la piedra volaba hacia su blanco con gran precisión. La herida que causaba la piedra podía ser letal.

Piedra en la cuna de lana trenzada

UN AVE EN LA MANO

El arte de los antiguos sudamericanos nos muestra cuáles eran sus actividades. Este vaso de madera tiene pintada una escena de un hombre cazando aves.

ARCO Y FLECHA (d.)

Arcos, flechas y lanzas (ab.) eran armas que se usaban originalmente en el centro de México, y después en el área maya. Además de la jabalina y la honda, el arco y la flecha se usaban para cazar animales a largo alcance.

Arco

Los mayas pescaban en lagunas con arcos y flechas

Flecha

Punta de flecha de obsidiana

Lanza

ZORRO NAZCA

Este zorro era parte de la decoración de una vasija nazca. Por lo general, los zorros eran símbolo de guerra, pero también se les consideraba una peste y los mataban con garrotes.

LANZAS Y LANZADORES

Las lanzas (ar.) tenían una punta templada con fuego o de esquirla u obsidiana. Se propulsaban con un lanzador o *atlatl* (ab.), que era un pedazo largo de madera con una ranura en el centro.

Lanzador

Agujeros para sujetar el lanzador con los dedos

El astil se colocaba en esta ranura

Ciudades de Mesoamérica

LOS PUEBLOS DE MESOAMÉRICA construyeron ciudades en diversas áreas geográficas y climáticas. Algunas estaban en las tierras altas y otras en las selvas o regiones costeras. Los olmecas construyeron sus ciudades en regiones tropicales, y los teotihuacanos, toltecas y aztecas en tierras altas. Los mayas lo hicieron en regiones de tierras altas y bajas. Estas diferencias geográficas influyeron en la arquitectura de las ciudades. Con el paso del tiempo, las ciudades crecieron. Los olmecas (1200 a.C.) vivían en pequeñas ciudades, mientras que en Teotihuacán (200 d.C.) había cerca de 150,000 habitantes o más. Los centros de las ciudades estaban reservados para edificios religiosos y públicos, y para las casas de los gobernantes y la clase alta. Las casas de la gente común estaban fuera de esta área.

CHICHÉN ITZÁ
La ciudad maya de Chichén Itzá se construyó en una posición estratégica en el centro de la Península de Yucatán. Llegó a ser un centro comercial importante enlazado con diversas áreas. Se cree que los invasores toltecas se establecieron ahí

Templo pirámide *El Castillo* en Chichén Itzá

PUEBLOS TRIBUTARIOS
El Códice Mendocino (p. 7) da tanto los nombres de los pueblos que pagaban tributo a Tenochtitlán, como los bienes requeridos. Cada uno de estos jeroglíficos (i.) representa a un pueblo.

PALENQUE
Este templo maya se localiza en Palenque en la selva tropical. Escondida dentro de la pirámide estaba la cámara mortuoria del señor Pacal (p. 53), quien gobernó por 68 años y fue enterrado en ese majestuoso lugar en el 683 d.C. Su sarcófago contenía algunos de los más hermosos objetos de jade hallados en Mesoamérica.

Altar a Tláloc, dios de la lluvia

Templo de las Inscripciones, en Palenque

Templo Mayor de los aztecas

Escalones

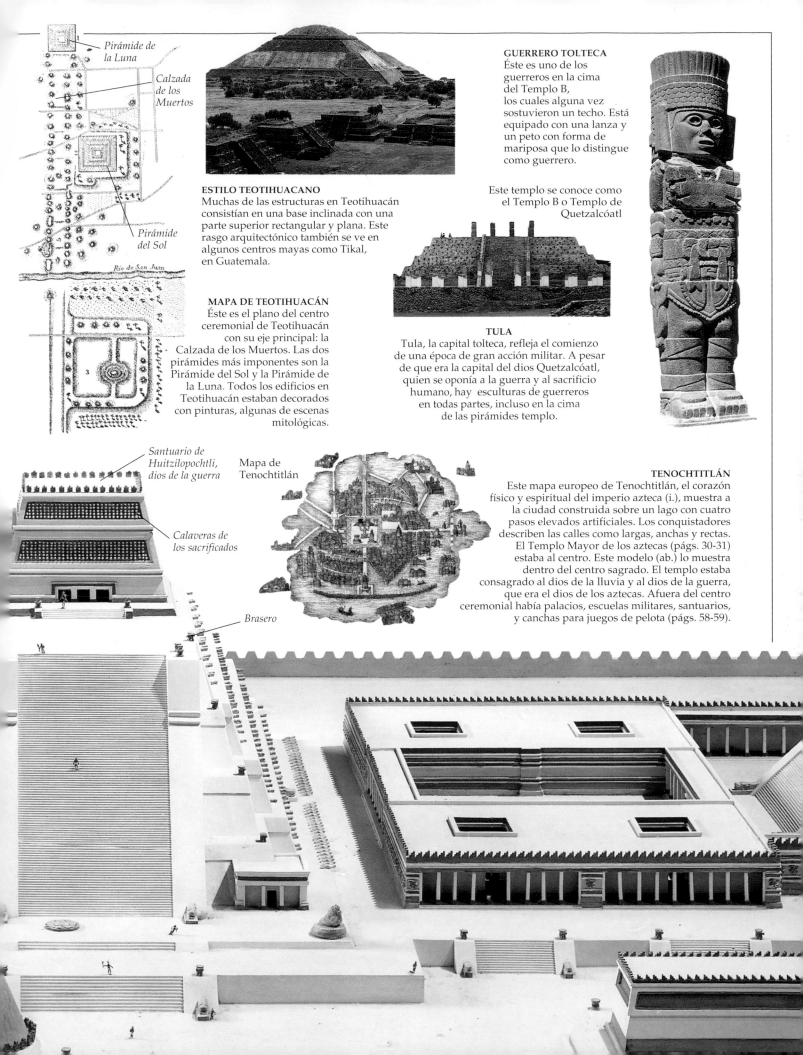

Pirámide de la Luna

Calzada de los Muertos

Pirámide del Sol

Río de San Juan

ESTILO TEOTIHUACANO
Muchas de las estructuras en Teotihuacán consistían en una base inclinada con una parte superior rectangular y plana. Este rasgo arquitectónico también se ve en algunos centros mayas como Tikal, en Guatemala.

MAPA DE TEOTIHUACÁN
Éste es el plano del centro ceremonial de Teotihuacán con su eje principal: la Calzada de los Muertos. Las dos pirámides más imponentes son la Pirámide del Sol y la Pirámide de la Luna. Todos los edificios en Teotihuacán estaban decorados con pinturas, algunas de escenas mitológicas.

GUERRERO TOLTECA
Éste es uno de los guerreros en la cima del Templo B, los cuales alguna vez sostuvieron un techo. Está equipado con una lanza y un peto con forma de mariposa que lo distingue como guerrero.

Este templo se conoce como el Templo B o Templo de Quetzalcóatl

TULA
Tula, la capital tolteca, refleja el comienzo de una época de gran acción militar. A pesar de que era la capital del dios Quetzalcóatl, quien se oponía a la guerra y al sacrificio humano, hay esculturas de guerreros en todas partes, incluso en la cima de las pirámides templo.

Santuario de Huitzilopochtli, dios de la guerra

Mapa de Tenochtitlán

Calaveras de los sacrificados

Brasero

TENOCHTITLÁN
Este mapa europeo de Tenochtitlán, el corazón físico y espiritual del imperio azteca (i.), muestra a la ciudad construida sobre un lago con cuatro pasos elevados artificiales. Los conquistadores describen las calles como largas, anchas y rectas. El Templo Mayor de los aztecas (págs. 30-31) estaba al centro. Este modelo (ab.) lo muestra dentro del centro sagrado. El templo estaba consagrado al dios de la lluvia y al dios de la guerra, que era el dios de los aztecas. Afuera del centro ceremonial había palacios, escuelas militares, santuarios, y canchas para juegos de pelota (págs. 58-59).

Ciudades de los Andes

Puerta del Sol, en Tiahuanaco

LA GENTE DE LA REGIÓN DE LOS ANDES vivía en las tierras altas o en la costa. Construían sus ciudades para adaptarse al área con materiales disponibles en la localidad. El edificio típico de las tierras altas tenía techo de paja en declive y muros de piedra. En la costa, los edificios tenían paredes de adobe con revoque pintado y techos planos. Las ciudades de tierras altas como Machu Picchu no podían construirse sobre un plano regular, a diferencia de las ciudades sobre áreas planas en la costa, como Chan Chan. Los primeros edificios que se usaron como casas datan del siglo IV a.C. Los ciudadanos hacían las construcciones públicas como edificios de gobierno, almacenes, puentes y canales como una labor para pagar impuestos; el estado suministraba el material.

ALBAÑILES INCAS
Los incas son conocidos por su fina construcción de piedra. Los albañiles cortaban enormes bloques de piedra con un martillo y los pulían con arena mojada. Los bloques embonaban tan bien que no se necesitaba cemento para unirlos.

OLLANTAYTAMBO
La ciudad inca de Ollantaytambo tiene algunos de los vestigios arquitectónicos más impresionantes de Perú. Esta entrada está construida con bloques de piedra con cortes precisos que quedan en exactas posiciones.

TIAHUANACO
Esta ciudad (p. 10) está situada en una llanura alta de casi 13,100 pies (4,000 m) sobre el nivel del mar, rodeada por las montañas de los Andes. La deslumbrante arquitectura de este centro ceremonial incluía un gran número de esculturas de piedra. La Puerta del Sol (ar.) fue esculpida en un solo bloque de piedra. Sobre la entrada tallaron un dios del sol.

Motivo de ave en muro del complejo, Chan Chan

Complejo real en Chan Chan, capital del reino chimú

DECORACIÓN DE ADOBE
Los chimú decoraban sus paredes de adobe con figuras de molde, por lo general asociados con el mar: aves, peces y pescadores en botes.

CHAN CHAN
El pueblo chimú construyó verdaderos centros urbanos, y Chan Chan, la capital costera del imperio chimú, es un buen ejemplo de esto. La ciudad estaba organizada sobre un plano y cubría cerca de 2.3 millas² (6 km²). Constaba de diez complejos, cada uno rodeado de muros altos de adobe. Se piensa que estos eran las residencias reales y centros administrativos de los reyes chimú. Cada rey vivía, moría y era enterrado en su complejo aislado.

Muros
de piedra de
Sacsahuamán

CUZCO

La capital religiosa y política de los incas está en el corazón de los Andes y circundada por montañas. Calles angostas dividían a la ciudad en secciones para representar los cuatro cuartos del imperio inca. Tenía plazas ceremoniales, palacios y templos. Sólo los gobernantes y la nobleza vivían en el centro de la ciudad. Este dibujo europeo muestra erróneamente a Cuzco como una ciudad amurallada. Los españoles destruyeron gran parte de Cuzco al construir su ciudad sobre las ruinas.

FUERTE DE SACSAHUAMÁN

La fortaleza de Sacsahuamán, construida sobre una empinada colina de donde se veía la parte norte de la ciudad, protegía a Cuzco del enemigo. Se usó piedra de cantera de la localidad para construirla, y se le dio forma a cada bloque gigante. Estos tres impresionantes muros de piedra, con 52 pies (16 m) de altura, protegían la fortaleza.

BAÑOS INCAS

Algunas veces, los palacios incas tenían baños de piedra a niveles bajos para que los reyes se bañaran y relajaran. El agua corría por canales de piedra hasta el baño. En Tambo Machay, cerca de Cuzco, se construyeron sobre un manantial sagrado.

Machu Picchu

Baños incas en
Tambomachay

MACHU PICCHU

Con una posición estratégica a orillas del imperio inca, la remota ciudad de Machu Picchu fue construida a finales del siglo XV. Los conquistadores españoles nunca la descubrieron, y los europeos no la encontraron sino hasta 1911. Este lugar es un ejemplo excepcional de arquitectura inca, con una fortaleza protegida por pendientes y rodeada de altas montañas; se podía llegar a ella sólo por uno de sus lados. De sus 143 edificios de granito, 80 eran casas y el resto edificios ceremoniales. Se han descubierto muchas momias en Machu Picchu, casi todas mujeres.

Vida familiar

PAREJA ABRAZÁNDOSE
Tanto en Mesoamérica como en la región de los Andes, el papel de la mujer era obedecer a su esposo. Incluso en el arte, se representaba a la mujer en una posición pasiva. Esta estatuilla maya muestra a un hombre abrazando a su mujer. Ambos usan tocados elaborados, aretes y collares, lo que indica que eran personas adineradas.

La figura tiene ojos y dientes de incrustaciones de concha

EL HOMBRE MESOAMERICANO, como esposo y padre, era responsable del bienestar de su hogar. Tenía que apoyar tanto a su familia como a su gobierno, mediante trabajo arduo y pago de impuestos. La mujer, como esposa y madre, dedicaba su tiempo y energía en atender su hogar y cuidar a sus hijos. A las hijas se les enseñaban labores domésticas, como tejer y cocinar, y los hijos seguían a sus padres mientras ellos trabajaban. Los niños tenían educación gratuita, y los nobles tenían sus propias escuelas. La vida en familia era parecida en la región de los Andes. El padre trabajaba para mantener a la familia y pagar impuestos. La madre trabajaba en el hogar, ayudaba a su esposo con el trabajo y cuidaba a los hijos. Los plebeyos incas tenían que educar a sus propios hijos.

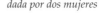

Pareja azteca en una ceremonia de bodas

RECIÉN CASADOS
Uno de los rituales aztecas de una ceremonia de bodas consistía en atar la capa del hombre y la blusa de la mujer. Después había una fiesta de bodas con cantos y bailes.

BENDICIÓN DE FERTILIDAD
Tanto para los mesoamericanos como para los incas era importante que las parejas casadas tuvieran hijos. Los aztecas adoraban a diosas de la fertilidad. Ésta es una escultura azteca de madera de una joven vestida con una falda y con el torso desnudo. Quizá sea una diosa de la fertilidad.

CELEBRACIÓN
Cuando nacía un bebé azteca, había grandes celebraciones que duraban días, durante los cuales los astrólogos analizaban cuál sería un buen día para ponerle el nombre.

Asa con forma de estribo

Mujer dando a luz ayudada por dos mujeres

ESCENA DE PARTO
A las mujeres de los Andes que daban a luz les ayudaban vecinas y mujeres que habían dado a luz a gemelos, ya que no había parteras. Después del nacimiento, la madre y el hijo se bañaban en el río. El cordón umbilical no se tiraba; se guardaba en casa.

CRIANZA INFANTIL
Las escenas familiares son comunes en el arte azteca, y muestran a mujeres realizando distintas actividades. Esta mujer carga a un niño en cada brazo. Una de las principales tareas de la mujer era criar a sus hijos hasta que estuvieran listos para irse de casa y contraer matrimonio.

El vapor se producía al arrojar agua a los muros calientes

Fuego para calentar el baño

BAÑOS DE VAPOR

El baño formaba parte de la rutina familiar azteca, tanto para mantenerse limpios como para purificarse. Casi todos los hogares tenían un baño de vapor al lado. El temazcal era un edificio pequeño calentado por una chimenea. Cuando se lanzaba agua a los muros calientes, el cuarto se llenaba de vapor.

MUJER CON CARGA

Las labores de las mujeres en la región andina variaban según su nivel. La mujer representada en esta vasija moche quizá era la esposa de un plebeyo, por lo que tenía que ayudar a su esposo cuando fuera necesario, como llevar pesadas cargas sobre su espalda. Lleva una correa alrededor de la frente para sostener la carga.

Correa alrededor de la frente

CASTIGOS

Los padres aztecas castigaban a sus hijos desobedientes, desde los 11 años, de distintas maneras. Les pinchaban la piel con espinas y los sostenían sobre una fogata para que inhalaran el humo del chile asado.

JUEGOS DE NIÑOS

Hasta que alcanzaran una edad en la que debían ayudar a sus padres con el trabajo, los niños pequeños jugaban dentro y fuera del hogar. Este "juguete" de barro tiene forma de perro con ruedas. Juguetes como éste muestran que los mesoamericanos conocían la rueda. No obstante, la usaban con fines decorativos, y no con fines prácticos como en vagones de carga. Se han encontrado juguetes con ruedas principalmente en tumbas en áreas cercanas al Golfo de México. Quizá se pensaba que los juguetes con forma de perro ayudaban al alma del muerto a encontrar su última morada en la otra vida.

Collar

Ruedas con perno

21

El hogar

JÍCARA PARA AGUA
La jícara, un vegetal de cáscara dura, se usaba con frecuencia como contenedor cuando se secaba. Por lo general se usaba para cargar agua. Este tipo de vegetal crece en casi toda América.

Mazorca como corcho

LOS AZTECAS, INCAS Y MAYAS vivían en casas sencillas, muchas con sólo un cuarto principal y muy pocos muebles. Las casas incas estaban hechas de ladrillos o adobe, mientras que las casas aztecas y mayas sólo eran de adobe.
Para los aztecas, los muebles consistían en algunas camas hechas de junco, mesas bajas y cajones de junco para la ropa. Los hogares aztecas tenían un patio con una cocina y un pequeño altar para sus dioses, el baño estaba en otro edificio. Las casas de los nobles acaudalados y dignatarios tenían más cuartos, muebles más detallados y un jardín más grande.

Dientes de madera

PEINE ÚTIL
Los peines se hacían con madera o hueso. Se usaban para peinar y, en Sudamérica, para preparar la lana. Algunos se usaban para hacer diseños de alfarería.

EN UNA CASA AZTECA
El hogar de una mujer azteca era casi todo para ella. Pasaba la mayor parte del día en la casa cuidando a sus hijos, cocinando o tejiendo.

VASIJA MULTIUSOS
Esta vasija se usaba para guardar líquidos y alimento. Por lo general se sostenía con un anillo de junco.

ESTERA
Los mesoamericanos se sentaban, jugaban y dormían en esteras de junco. Este tipo se usaba como "tapete" en el suelo de casi todas las casas. Es más delgada que las esteras que se usaban como "camas". Ricos y pobres tenían esteras iguales.

Tazón con tres patas gruesas

TAZÓN TRÍPODE
Por lo regular, los alfareros teotihuacanos hacían tazones con tres patas como éste y, a veces, con una tapa. Los tazones eran lisos, pero algunos tenían diseños tallados o pintados en la superficie, como éste.

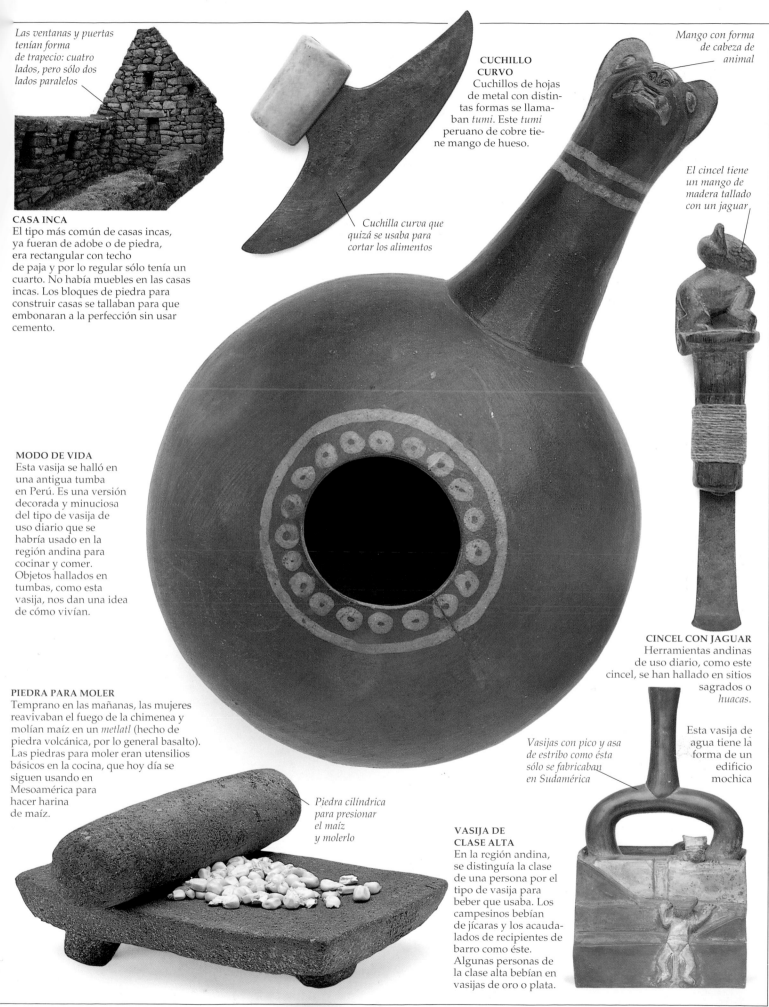

Las ventanas y puertas tenían forma de trapecio: cuatro lados, pero sólo dos lados paralelos

CASA INCA

El tipo más común de casas incas, ya fueran de adobe o de piedra, era rectangular con techo de paja y por lo regular sólo tenía un cuarto. No había muebles en las casas incas. Los bloques de piedra para construir casas se tallaban para que embonaran a la perfección sin usar cemento.

CUCHILLO CURVO

Cuchillos de hojas de metal con distintas formas se llamaban *tumi*. Este *tumi* peruano de cobre tiene mango de hueso.

Cuchilla curva que quizá se usaba para cortar los alimentos

Mango con forma de cabeza de animal

El cincel tiene un mango de madera tallado con un jaguar

MODO DE VIDA

Esta vasija se halló en una antigua tumba en Perú. Es una versión decorada y minuciosa del tipo de vasija de uso diario que se habría usado en la región andina para cocinar y comer. Objetos hallados en tumbas, como esta vasija, nos dan una idea de cómo vivían.

CINCEL CON JAGUAR

Herramientas andinas de uso diario, como este cincel, se han hallado en sitios sagrados o *huacas*.

PIEDRA PARA MOLER

Temprano en las mañanas, las mujeres reavivaban el fuego de la chimenea y molían maíz en un *metlatl* (hecho de piedra volcánica, por lo general basalto). Las piedras para moler eran utensilios básicos en la cocina, que hoy día se siguen usando en Mesoamérica para hacer harina de maíz.

Piedra cilíndrica para presionar el maíz y molerlo

Vasijas con pico y asa de estribo como ésta sólo se fabricaban en Sudamérica

Esta vasija de agua tiene la forma de un edificio mochica

VASIJA DE CLASE ALTA

En la región andina, se distinguía la clase de una persona por el tipo de vasija para beber que usaba. Los campesinos bebían de jícaras y los acaudalados de recipientes de barro como éste. Algunas personas de la clase alta bebían en vasijas de oro o plata.

Alimentos y bebidas

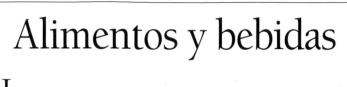

LOS MESOAMERICANOS Y ANDINOS comían de forma muy sencilla. El maíz era la base de su dieta, además de otros vegetales que se cosechaban en ambas regiones como los frijoles y las calabazas. No todos los alimentos se cultivaban en ambas regiones. Las papas y la quina eran de la región andina, mientras que los aguacates y los tomates, además de todo tipo de frutas, se consumían principalmente en Mesoamérica. El maíz se preparaba como avena, llamada *atole* (en Mesoamérica) o *capia* (en territorio inca). Se comía pan de maíz en ambas regiones, pero sólo los mesoamericanos consumían tortillas de maíz con cada comida. Un plato favorito de los aztecas e incas eran los tamales, maíz al vapor envuelto y relleno de vegetales o carne. En Mesoamérica se servía la comida principal a la hora de más calor en el día. En ambas regiones, se acostumbraba comer dos veces al día.

El conejillo de India era la única carne que comían los andinos con regularidad.

COCOA
Los mesoamericanos adinerados bebían chocolate líquido de cocoa, que endulzaban y saborizaban con miel y vainilla.

El chocolate se hacía con granos de cocoa y agua

Cocoa

Baya de cocoa

Mortero de piedra

Mano

MORTERO Y MANO
Los chiles y los tomates se usaban para hacer salsas. Se molían con una piedra, llamada mano, en un mortero, que era una piedra cilíndrica con tres pequeños pies.

TORTILLAS A LA PLANCHA
Una vez formadas, las tortillas se cocinan al fuego sobre un disco de barro (*comal*). Éstas aún son la base de la dieta mesoamericana.

Muchos de estos utensilios se siguen usando

MUJERES PREPARANDO EL MAÍZ
Preparar el maíz era una labor cotidiana para las amas de casa mesoamericanas. Esta sección de una pintura del artista mexicano Diego Rivera muestra a una mujer moliendo granos de maíz para hacerlos harina con un rodillo y una losa de piedra. La harina se hace masa, a la que otra mujer le da forma de tortillas.

Comal

LLAMA
Los incas y sus ancestros comían la tierna carne de la llama. Sin embargo, lo hacían con moderación, ya que la llama era útil para muchas otras cosas.

Llama atada con sogas

AMARANTO
Los aztecas comían semillas de amaranto, muy nutritivas.

FRIJOLES
Estos granos eran parte de la dieta en ambas regiones.

Chiles frescos, verdes y rojos

La calabacita es de la familia de la calabaza

CALABACITA
Las calabacitas se cocinaban en guisos.

Tomate verde

Vaina de vainilla

La vainilla se usaba para dar sabor a las bebidas

Chiles secos

Tomate rojo

VAINILLA
La vainilla era una planta muy apreciada en Mesoamérica.

MANÍ
En ambas regiones se cultivaban manises, o cacahuates, como fuente de proteínas.

CHILES
Los chiles, frescos y secos, eran y siguen siendo comunes en Mesoamérica y Sudamérica. Los chiles se usaban como especias en todas las comidas.

TOMATES
Los tomates eran un cultivo importante en Mesoamérica.

Camote o batata

JIMADOR
Los mesoamericanos tenían una bebida alcohólica llamada *octli*, hecha de savia fermentada del maguey. La savia se succionaba de la planta (ar.).

Papa blanca

PAPA
Las papas son plantas nativas de la región andina, y eran una de las bases de la dieta. Los andinos cultivaron miles de diferentes tipos de papas.

PIMIENTOS
Los pimientos sin sabor picante eran un vegetal común en Mesoamérica.

Maíz blanco

Maíz azul

MAÍZ
El maíz era el alimento más importante de Mesoamérica. En los Andes, la papa y el maíz eran esenciales.

Tuna

AGUACATE
En Mesoamérica se comía con frecuencia el aguacate.

NOPALES
Estas hojas de cactus se hervían para comerse solas o acompañadas.

PAVO
Tanto la carne de pavo como la de perro se consideraban deliciosas.

Ésta es una fruta dulce de cactus de Mesoamérica

CALABAZA
Las calabazas, las calabacitas, el maíz y los frijoles eran los alimentos básicos de Mesoamérica.

Vasija tolteca con cabeza de pavo

CÓDICE TRIBUTO
Los bienes pagados como tributo al gobernante se registraban en códices como el Mendocino.

Tazón de alfarería

Mantas de algodón

Mantas de algodón decoradas

Incienso de copal

Jarras de miel

Frasco con maíz y chía

Comercio y tributo

En MESOAMÉRICA y en la región de los Andes, los plebeyos eran los que mantenían al estado con el pago de impuestos. La gente de clase alta, los enfermos y los discapacitados no pagaban impuestos. En territorio inca, cada provincia tenía que pagar al gobierno cantidades específicas de tributo. En Tenochtitlán, la capital azteca, los residentes de cada municipio pertenecían a una institución llamada *calpulli*, cuyo líder se aseguraba de que se pagaran impuestos. Se intercambiaban bienes de todo tipo, y en Mesoamérica los productos de la tierra se vendían en enormes mercados. Los mercaderes aztecas hacían largos viajes para comerciar plumas tropicales, oro, piedras preciosas y pieles de jaguar.

CORREDOR
Esta vasija mochica representa a un corredor. Los corredores o *chasquis* corrían de un lugar a otro llevando mensajes. Los incas tenían un excelente sistema de caminos, esencial para controlar el imperio, comerciar y comunicarse.

VENTA DE MAÍZ
Con los murales de Diego Rivera se puede aprender mucho de cómo vivieron los antiguos mexicanos. Rivera, uno de los muralistas modernos mexicanos más destacados, conocía mucho sobre la vida en Tenochtitlán. En esta escena de un mercado se ven mujeres vendiendo maíz.

Tocado de jaguar

Traje de jaguar

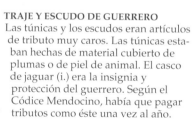

Escudo de plumas

TRAJE Y ESCUDO DE GUERRERO
Las túnicas y los escudos eran artículos de tributo muy caros. Las túnicas estaban hechas de material cubierto de plumas o de piel de animal. El casco de jaguar (i.) era la insignia y protección del guerrero. Según el Código Mendocino, había que pagar tributos como éste una vez al año.

COMERCIO DE PIELES
En el mercado de Tlatelolco se vendían pieles de animales. La piel de puma era de especial valor para los mayas, ya que su color pardo les recordaba el sol. La piel de jaguar también era de valor. Se pensaba que las manchas negras simbolizaban el cielo de noche; se usaba para los asientos de los gobernantes, cubiertas de libros y como capas.

Piel de ocelote

Piel de puma

Piel de jaguar

MERCADO DE TLATELOLCO
Cuando los españoles llegaron a México, se dieron cuenta de que el mercado de Tlatelolco (ciudad hermana de Tenochtitlán) era más grande y estaba mejor surtido que cualquier mercado en España. Los supervisores regulaban precios, y los jueces estaban presentes en caso de disputas o robo. Muchas de las compras y ventas se hacían por trueque (intercambio de productos) aunque el cobre servía como dinero.

Granos de cocoa

Semillas de melón

Pluma de quetzal

Hachas

Cuentas

Pluma de ave tropical

El tesorero inca cuenta los artículos en el almacén con un *quipu*.

COMERCIO
Los artículos como granos de cocoa y plumas tenían mucha demanda, ya que grandes cantidades de éstos se pagaban como tributo. Los mercaderes de Tenochtitlán y las grandes ciudades aledañas exportaban y comerciaban objetos de lujo hechos de materias primas o de materiales de tributo. A cambio de sus bienes obtenían otros como plumas tropicales (en especial de quetzal), granos de cocoa, piel de animal y oro.

ALMACENES INCAS (*i.*)
Los incas guardaban todo tipo de provisiones en almacenes para uso de los oficiales del gobierno y de aquellos necesitados debido a una enfermedad o después de una crisis o asedio. Las provisiones incluían armas, tela, lana, papas y maíz.

Graneros del gobierno para guardar productos agrícolas

Vasija de barro con decoración sencilla para uso diario

Todos los puestos de alfarería se colocaban juntos en el mercado

Tazón sencillo

El mercado era el lugar donde la gente intercambiaba noticias y mercancía

Los guerreros

LA GUERRA era parte de la vida de mesoamericanos e incas, y las ciudades-estado combatían entre sí con frecuencia. En Mesoamérica, los jóvenes se alistaban en el ejército a los 17 años para un entrenamiento intensivo. Los pueblos incas y mesoamericanos sabían tácticas de guerra, y se les inculcaba el espíritu de pelea. Entre los aztecas, la mejor y más común forma de escalar un nivel social era mostrando valor en las batallas. Uno de los principales objetivos de la guerra era capturar guerreros enemigos para sacrificarlos. Los aztecas vivían en estado de "guerra sagrada", ya que creían que los sacrificios humanos mantenían al Sol en movimiento (págs. 36-37). Tanto incas como aztecas expandieron sus imperios. A medida que crecía el poder y la riqueza, tuvieron más sed de conquistas que enriquecían al estado y daban gloria al emperador.

Hondas chancay de tela como ésta, hecha de lana y algodón, se usaban en la guerra. Los guerreros usaban piedras como misiles.

GUERRERO TOLTECA
Esta escultura muestra un guerrero tolteca de atuendo lujoso con un tocado de plumas, aretes y peto de mariposa. En una mano lleva un *atlatl* o lanza, y en la otra un fajo de dardos.

PRESOS
A los guerreros aztecas que capturaban presos se les daban trajes con diseños distintivos, como trajes de jaguar y mantos. Entre más presos, más detallados eran los trajes.

Garrote

ARMAS AZTECAS
Por lo general, un guerrero cargaba lanzas de madera, con cuchilla de cuarzo u obsidiana, y un *maquahuitl* o garrote de madera que medía cerca de 30 pulg (76 cm) de largo. Tenía ranuras donde se ponían las cuchillas afiladas. Los guerreros también cargaban jabalinas y escudos redondos con flecos de plumas como protección. Los cuchillos de pedernal y puñales de obsidiana como éstos (i.) se usaban para sacrificio humano.

Cuchillo de pedernal con sierras filosas

Puñal largo y filoso de obsidiana

VASIJA DE EFIGIE
Era común que la cultura mochica de la costa norte de Perú representara guerreros en vasijas, como éste sosteniendo un garrote. Los escudos se mostraban atados a las muñecas.

GARROTE DE MADERA Y OBSIDIANA (ab.)
Una de las armas que usaban los aztecas era el *maquahuitl*, un garrote de madera con cuchillas de obsidiana, la cual es un vidrio volcánico tan filoso que corta la cabeza de un caballo.

LANZA DE OBSIDIANA (ab.)
Por lo general, un guerrero cargaba una o dos lanzas de madera con cuchillas filosas capaces de causar heridas profundas.

Cuchillas de obsidiana en la lanza

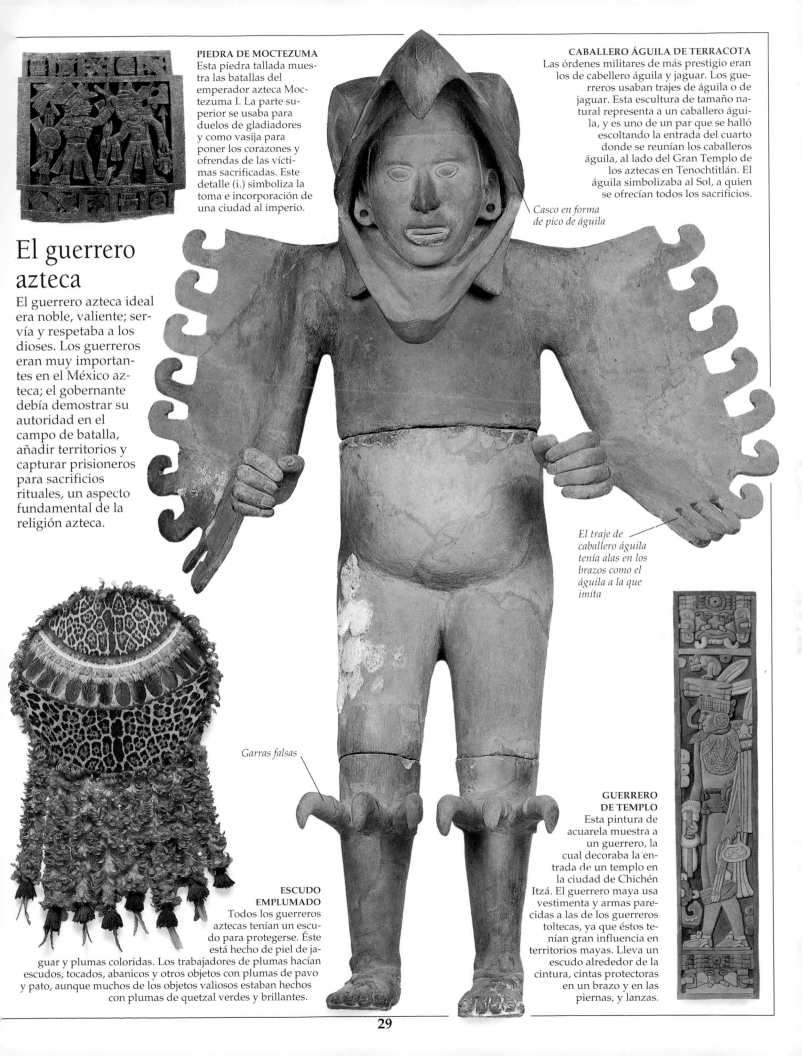

PIEDRA DE MOCTEZUMA
Esta piedra tallada muestra las batallas del emperador azteca Moctezuma I. La parte superior se usaba para duelos de gladiadores y como vasija para poner los corazones y ofrendas de las víctimas sacrificadas. Este detalle (i.) simboliza la toma e incorporación de una ciudad al imperio.

CABALLERO ÁGUILA DE TERRACOTA
Las órdenes militares de más prestigio eran los de cabellero águila y jaguar. Los guerreros usaban trajes de águila o de jaguar. Esta escultura de tamaño natural representa a un caballero águila, y es uno de un par que se halló escoltando la entrada del cuarto donde se reunían los caballeros águila, al lado del Gran Templo de los aztecas en Tenochtitlán. El águila simbolizaba al Sol, a quien se ofrecían todos los sacrificios.

Casco en forma de pico de águila

El guerrero azteca

El guerrero azteca ideal era noble, valiente; servía y respetaba a los dioses. Los guerreros eran muy importantes en el México azteca; el gobernante debía demostrar su autoridad en el campo de batalla, añadir territorios y capturar prisioneros para sacrificios rituales, un aspecto fundamental de la religión azteca.

El traje de caballero águila tenía alas en los brazos como el águila a la que imita

Garras falsas

ESCUDO EMPLUMADO
Todos los guerreros aztecas tenían un escudo para protegerse. Éste está hecho de piel de jaguar y plumas coloridas. Los trabajadores de plumas hacían escudos, tocados, abanicos y otros objetos con plumas de pavo y pato, aunque muchos de los objetos valiosos estaban hechos con plumas de quetzal verdes y brillantes.

GUERRERO DE TEMPLO
Esta pintura de acuarela muestra a un guerrero, la cual decoraba la entrada de un templo en la ciudad de Chichén Itzá. El guerrero maya usa vestimenta y armas parecidas a las de los guerreros toltecas, ya que éstos tenían gran influencia en territorios mayas. Lleva un escudo alrededor de la cintura, cintas protectoras en un brazo y en las piernas, y lanzas.

Religión

La RELIGIÓN INFLUÍA en casi todos los aspectos de la vida mesoamericana e inca. Uno de varios puntos centrales para sus rituales religiosos eran edificios sagrados o templos en honor a sus dioses. En la región de los Andes, todos adoraban una variedad de santuarios y objetos, así como las fuerzas de la naturaleza relacionadas con éstos, conocidos como *huacas*. Los aztecas también adoraban lugares sagrados. Dentro de la religión oficial del estado inca, el Sol era el dios más importante. Era una fuerza dominante y un símbolo de prestigio y poder. Los incas adoraban al Sol para tener cosechas abundantes. Para la religión azteca, el Sol también era importante, ya que creían vivir en la era del quinto sol y que algún día el mundo llegaría a un fin violento. Para posponer su destrucción, los hombres hacían sacrificios humanos. Su labor era alimentar a los dioses con sangre humana para mantener vivo al Sol.

Ilustración de códice de un templo azteca en Tenochtitlán

TEMPLO DEL JAGUAR GIGANTE
Para adorar a sus dioses, los mayas construyeron majestuosos centros ceremoniales llenos de templos, patios y plazas. Este majestuoso templo-pirámide en Tikal está en medio del centro ceremonial. Tiene nueve terrazas en declive y el techo ornamental en la punta del templo se eleva a una altura de 528 pies (161 m).

Intihuatana *significa "sitio que se ata al Sol"*

PIEDRA DE INTIHUATANA
A través de todo el imperio inca, el gobierno construyó los principales templos para el culto al Sol. Esta piedra en Machu Picchu servía como un reloj de sol y permitía a la gente calcular el solsticio de invierno (21 de junio) para el tan importante festival del dios Sol.

Sacerdotes en ritual durante la ceremonia del "fuego nuevo"

Después del sacrificio, los cuerpos de las víctimas se arrojaban por las escaleras

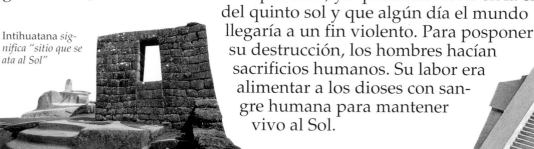

CEREMONIA DEL "FUEGO NUEVO"
Este evento religioso se llevaba a cabo en templos aztecas cada 52 años. Al llegar este día, la gente extinguía todos los fuegos y se deshacían de ídolos y utensilios del hogar. El siglo comenzaba cuando aparecían los rayos del sol.

MAQUETA DEL TEMPLO MAYOR, EN TENOCHTITLÁN
El centro de esta ciudad tenía un recinto dentro del cual, y en una misma pirámide, estaba el santuario a Tláloc, dios de la lluvia, y a Huitzilopochtli, dios de la guerra y de la tribu azteca. El Templo Mayor era el centro del mundo azteca, donde se hacían sacrificios y ofrendas a los dioses aztecas. Cada gobernante azteca quería un nuevo templo más impresionante. Esta maqueta muestra los muchos templos construidos uno encima del otro. El templo más antiguo tiene un chacmool (estatua con receptáculo para corazones y sangre) del lado izquierdo, y una piedra para sacrificios del lado derecho. Aquí se hallaron más de 6,000 objetos como ofrendas a Tláloc y Huitzilopochtli.

Santuario a
Tláloc, dios
de la lluvia

Chacmool

Santuario a Huitzilopochtli, dios de la guerra

Piedra de
sacrificios

PANEL DE CALAVERAS
Calaveras reales se colocaban afuera de los templos
en estantes de calaveras
o *tzompantlis*. Este panel
pertenece al Templo
Mayor de los aztecas.
Por lo general eran
de sacrificados a
los dioses.

Receptáculo de corazones
y sangre de los
sacrificados

CHACMOOL RECLINADO
Esta figura reclinada fue hallada a la entrada
del santuario a Tláloc en la cima del Templo
Mayor en Tenochtitlán. Tiene un recipiente
para el corazón y la sangre de los sacrificados
a los dioses de la lluvia y la agricultura.

Cabezas de serpiente
saliendo del muro

Dioses y diosas

LOS MESOAMERICANOS e incas veneraban a muchos dioses. Practicaban religiones similares basadas principalmente en la adoración de dioses de la agricultura, aunque sus nombres y símbolos eran diferentes. La gente pedía a sus dioses buenas cosechas y buena salud para su bienestar. El principal dios inca era el dios creador: Viracocha. Sus ayudantes eran los dioses del sol, la luna, las estrellas y el trueno, así como de la tierra y el mar. Debido a que la agricultura era una actividad relevante en ambas regiones, la "madre tierra" o diosa de la tierra era de especial importancia. Los aztecas adoptaron dioses de otras civilizaciones. Al igual que con los incas, cada dios estaba relacionado con algún aspecto o fuerza de la naturaleza.

Dios azteca del Códice Florentino

Dios de la primavera con la piel de una víctima puesta

DIOS DE LA LLUVIA
Muchas vasijas y esculturas mesoamericanas están asociadas con Tláloc, el dios de la lluvia y fertilidad agrícola. Es posible que esta vasija muestre el rostro del dios de la lluvia, ya que contiene el líquido vital necesario para fertilizar la tierra.

Tláloc tenía "ojos saltones"

DIOS DE LA PRIMAVERA
Xipe Totec (nuestro señor desollado) era el dios azteca de la primavera y la vegetación y patrón de los metalúrgicos. Las víctimas sacrificadas en honor a este dios eran desolladas vivas. Después de desollarlas, los sacerdotes se ponían la piel de las víctimas, símbolo del renacimiento anual de la vegetación cada primavera o la renovación de la "piel de la tierra".

Xipe Totec, dios de la primavera y la vegetación

Serpiente emplumada, Quetzalcóatl

Dios de la lluvia, Tláloc

Reconstrucción del templo de Quetzalcóatl en Teotihuacán

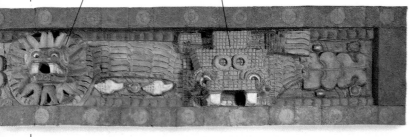

DIOS DE LA NATURALEZA
Quetzalcóatl, cuyo nombre significa serpiente emplumada, era el dios de la naturaleza. El templo de Quetzalcóatl en Teotihuacán está decorado con grandes esculturas de serpientes emplumadas, como aquí se muestra.

Chicomecoatl usaba un tocado de papel de cuatro lados con rosetones en las esquinas

DIOSA AZTECA DEL MAÍZ
Había tres diosas asociadas con el maíz. Esta estatua es de Chicomecoatl, la diosa del maíz maduro. Éste era el mejor maíz de la cosecha, y se sembraba por separado. También había una diosa del maíz tierno, y otra que era la personificación de la planta del maíz.

Mazorcas dobles

DIOS DE LA GUERRA
Huitzilopochtli (el colibrí a la izquierda) era el dios de la tribu azteca. En esta ilustración lo vemos armado con su serpiente de fuego y su escudo.

DIOS DE LOS MUERTOS
Mictlantecuhtli era el dios de los muertos en el México azteca. Los que tenían una muerte natural iban a Mictlan, su hogar, en la fría e infernal región de los descarnados.

El pueblo inca veneraba al Sol y a la Luna

FESTIVAL DE SEPTIEMBRE
Los incas celebraban diferentes festividades religiosas cada mes del año. Aquí vemos las celebraciones de septiembre en honor a las diosas. Esta festividad se celebraba bajo la protección de los dioses de la luna y del sol.

ADORACIÓN DEL SOL
Los incas veneraban al Sol, o Inti. La mayoría de las religiones agrícolas adoraban al sol y a la lluvia, ya que ambos eran esencial para tener buenas cosechas. El Sol era el dios más importante de la dinastía real inca. Los reyes incas creían que eran descendientes de Inti.

Chac lleva un tazón del lado derecho y una bola de incienso del lado izquierdo.

Disco de oro

DIOS DE LA LUNA O DEL CIELO
El mango de este cuchillo ceremonial peruano está decorado con la imagen del dios de la luna o del cielo. Sus brazos sostienen dos discos. Lleva un hermoso tocado de filigrana con incrustaciones de turquesa.

La turquesa se usaba en incrustaciones para los ojos, collares, aretes y ropa

DIOS MAYA DE LA LLUVIA
El dios maya de la lluvia era Chac. Uno de los sacrificios en su honor era ahogar niños en pozos. En algunas regiones mayas era tan importante que las fachadas de los edificios estaban cubiertas con máscaras de Chac.

Muñeca chancay hallada en una tumba

Vida y muerte

La gente de Mesoamérica y Sudamérica creía que después de muertos seguirían viviendo en otro mundo, por lo que los enterraban con bienes de todo tipo útiles para ellos. Al estudiar los artículos hallados en tumbas, en códices prehispánicos y en los primeros manuscritos coloniales, los arqueólogos reconstruyeron algunas de las creencias sobre la muerte y la vida después de la muerte. Lo que decidía qué pasaría con los aztecas después de la muerte era la forma en que morían, y no la forma en que vivían. Si una persona moría por causas naturales, su alma pasaba por los nueve niveles del infierno antes de llegar a *Mictlan*, el reino del dios de la muerte. Sin embargo, los guerreros que morían en batalla y las mujeres que morían dando a luz se unían al dios del Sol en el cielo.

TOTALMENTE ENVUELTO
Se han hallado en la región andina muchas momias atadas como ésta. El cadáver se situaba en una posición flexionada, atado con cuerdas para que mantuviese la misma posición. Entonces lo envolvían en textiles y lo sentaban. Los bienes se colocaban alrededor de la momia.

MUÑECA DE COMPAÑÍA
A las figuras coloridas halladas en tumbas chancay, como ésta, se les llama "muñecas". Se cree que se usaban en la vida diaria. Se ponían en las tumbas para que fueran útiles a los muertos.

MOMIA DE UN REY MUERTO
En la sociedad andina se cuidaba a las momias como si estuvieran vivas. Los vivos pedían consejos de asuntos importantes a sus muertos. En festivales especiales, las momias de emperadores desfilaban en la calle.

Urna de entierro maya

LOS RICOS Y LOS POBRES
Entre más bienes se pusieran en la tumba, más acaudalado era el individuo. Se han encontrado varias figuras de madera como ésta en tumbas andinas. Sin embargo, las tumbas que llevaban objetos dorados y que tenían un cadáver más preparado indican que no todos eran iguales.

ENTIERRO MAYA
Por lo general, los mayas enterraban a los muertos debajo de las casas o en la tierra. Sin embargo, a veces cremaban los restos o los enterraban en cuevas, en depósitos bajo tierra o en urnas. Las tumbas elaboradas eran para las clases privilegiadas. Un tipo común de entierro era colocar el cadáver en una urna grande tapada por una vasija de tres patas o fragmento de vasija.

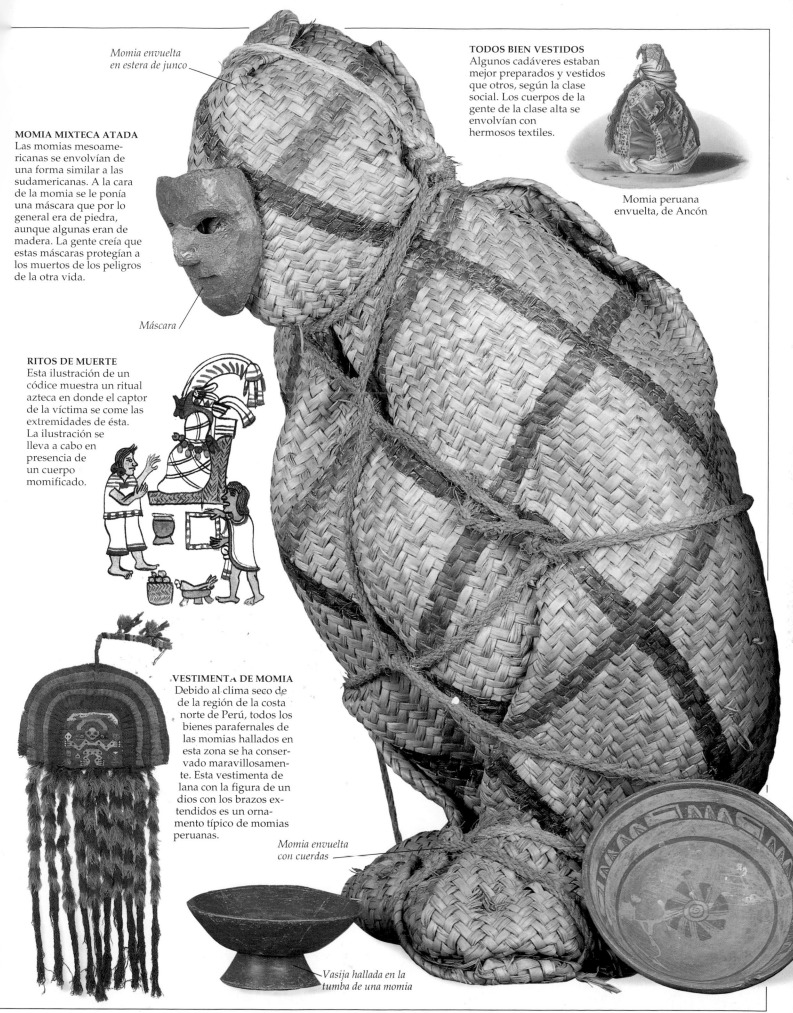

*Momia envuelta
en estera de junco*

TODOS BIEN VESTIDOS
Algunos cadáveres estaban
mejor preparados y vestidos
que otros, según la clase
social. Los cuerpos de la
gente de la clase alta se
envolvían con
hermosos textiles.

*Momia peruana
envuelta, de Ancón*

MOMIA MIXTECA ATADA
Las momias mesoame-
ricanas se envolvían de
una forma similar a las
sudamericanas. A la cara
de la momia se le ponía
una máscara que por lo
general era de piedra,
aunque algunas eran de
madera. La gente creía que
estas máscaras protegían a
los muertos de los peligros
de la otra vida.

Máscara

RITOS DE MUERTE
Esta ilustración de un
códice muestra un ritual
azteca en donde el captor
de la víctima se come las
extremidades de ésta.
La ilustración se
lleva a cabo en
presencia de
un cuerpo
momificado.

VESTIMENTA DE MOMIA
Debido al clima seco de
de la región de la costa
norte de Perú, todos los
bienes parafernales de
las momias hallados en
esta zona se ha conser-
vado maravillosamen-
te. Esta vestimenta de
lana con la figura de un
dios con los brazos ex-
tendidos es un orna-
mento típico de momias
peruanas.

*Momia envuelta
con cuerdas*

*Vasija hallada en la
tumba de una momia*

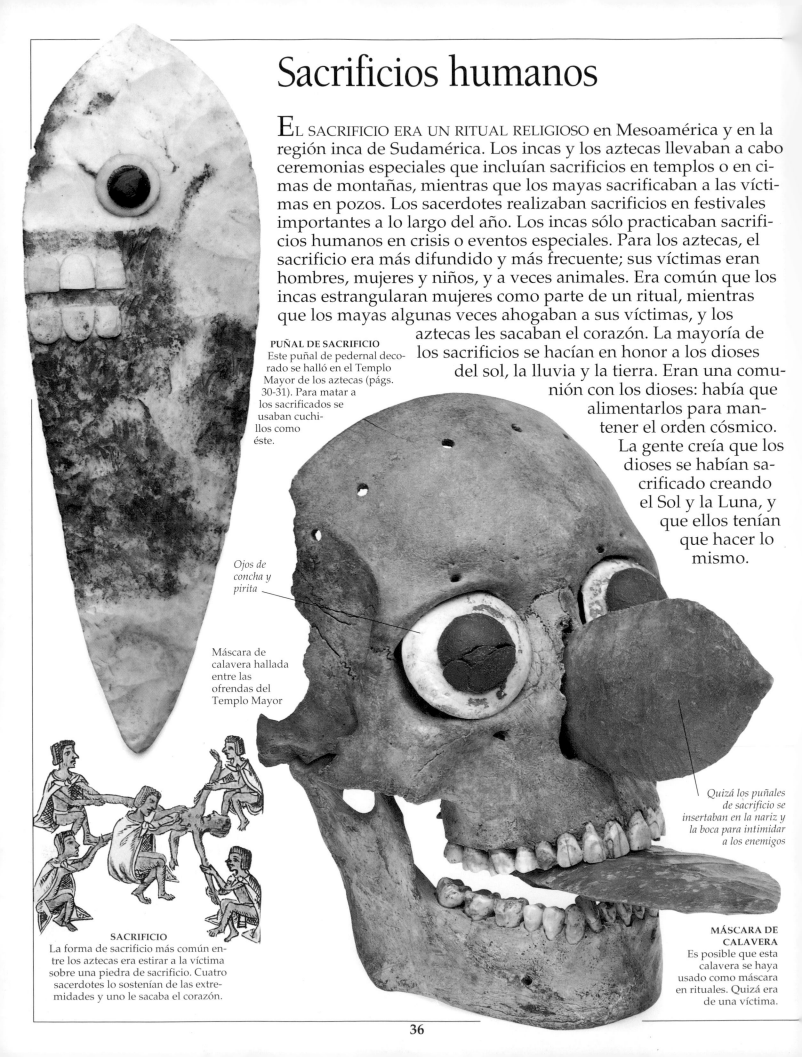

Sacrificios humanos

EL SACRIFICIO ERA UN RITUAL RELIGIOSO en Mesoamérica y en la región inca de Sudamérica. Los incas y los aztecas llevaban a cabo ceremonias especiales que incluían sacrificios en templos o en cimas de montañas, mientras que los mayas sacrificaban a las víctimas en pozos. Los sacerdotes realizaban sacrificios en festivales importantes a lo largo del año. Los incas sólo practicaban sacrificios humanos en crisis o eventos especiales. Para los aztecas, el sacrificio era más difundido y más frecuente; sus víctimas eran hombres, mujeres y niños, y a veces animales. Era común que los incas estrangularan mujeres como parte de un ritual, mientras que los mayas algunas veces ahogaban a sus víctimas, y los aztecas les sacaban el corazón. La mayoría de los sacrificios se hacían en honor a los dioses del sol, la lluvia y la tierra. Eran una comunión con los dioses: había que alimentarlos para mantener el orden cósmico. La gente creía que los dioses se habían sacrificado creando el Sol y la Luna, y que ellos tenían que hacer lo mismo.

PUÑAL DE SACRIFICIO
Este puñal de pedernal decorado se halló en el Templo Mayor de los aztecas (págs. 30-31). Para matar a los sacrificados se usaban cuchillos como éste.

Ojos de concha y pirita

Máscara de calavera hallada entre las ofrendas del Templo Mayor

SACRIFICIO
La forma de sacrificio más común entre los aztecas era estirar a la víctima sobre una piedra de sacrificio. Cuatro sacerdotes lo sostenían de las extremidades y uno le sacaba el corazón.

Quizá los puñales de sacrificio se insertaban en la nariz y la boca para intimidar a los enemigos

MÁSCARA DE CALAVERA
Es posible que esta calavera se haya usado como máscara en rituales. Quizá era de una víctima.

DESPUÉS DEL SACRIFICIO

Una vez que el sacerdote sacaba el corazón, lo colocaba en un receptáculo, como el que aquí se muestra. Después se aventaba a la víctima por las escaleras del templo y se recogía el cuerpo; una parte de él, como el muslo, se daba como recompensa a su captor. Los aztecas practicaban el canibalismo en algunas ceremonias religiosas bajo estrictas reglas. Por ejemplo, se comían a los presos enemigos como parte de un ritual, pero sólo podían consumir los brazos o las piernas.

Ilustración del Códice Magliabecchiano

PIEDRAS Y VASIJAS DE SACRIFICIO

Es posible que el propósito de esta vasija de ritual (d.) fuera contener la sangre o los corazones de las víctimas sacrificadas. La superficie exterior está decorada con calaveras, que eran símbolo de fama, gloria o derrota, según la situación. La piedra de abajo se usaba para los sacrificios. Se estiraba a la víctima sobre esta piedra mientras le sacaban el corazón.

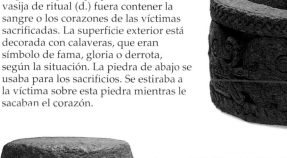

El símbolo de la calavera aparece con frecuencia en el arte azteca

CORAZÓN PRECIADO

Este corazón de jade tallado representa el órgano más preciado que los aztecas podían ofrecer a sus dioses. Asimismo, se consideraba al jade como la piedra más valiosa y el material más preciado, incluso más que el oro. El jade era el símbolo de la vida y la agricultura.

SACRIFICIO EN LA CIMA DE UNA MONTAÑA

Esta vasija ornamental moche para agua muestra a unos hombre sentados en cimas de montañas, que eran lugares sagrados. Aquí la gente veneraba a los dioses de la tierra, quienes les brindaban el agua y la agricultura, y hacían sacrificios humanos en su honor. Se creía que el agua era la sangre de la vida agrícola. Los sacrificios humanos se llevaban a cabo por diversas razones. Por lo general se les consideraba un regalo para los dioses a cambio de un favor pedido, como el de una buena cosecha. Se pensaba que los sacrificados eran afortunados, ya que se les garantizaba una vida tranquila en el otro mundo.

Montañas y volcanes eran sitios importantes para los rituales sagrados

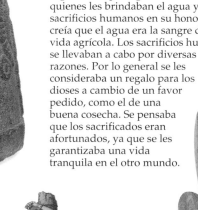

DESOLLADO VIVO

Esta ilustración del siglo XIX muestra un sacrificio humano, la desolladura de un hombre vivo. Los antiguos peruanos practicaban este tipo de ritual, y los antiguos mexicanos también lo practicaban en festividades agrícolas. Al igual que los antiguos mexicanos, los antiguos peruanos sacrificaban muchas víctimas en honor al sol Inti o al dios creador Viracocha.

Medicina

Bañista en baño de vapor

El baño de vapor era un tratamiento para curar a los enfermos en Mesoamérica.

EN MESOAMÉRICA y en las culturas andinas, los tratamientos para las enfermedades eran una mezcla de magia y de cierto conocimiento del cuerpo. Por lo regular, parteras, curanderos y médicos eran mujeres diestras en el uso de hierbas. Los andinos creían que las enfermedades se debían a causas sobrenaturales, y trataban a los enfermos con hierbas por razones médicas y de magia. Los aztecas usaban como medicina ciertos minerales y carne de algunos animales. Los incas trataban la fiebre con orina, y con frecuencia se hacían sangrar. Cuando era necesario, hacían orificios en el cráneo y amputaban extremidades. Para la cirugías, ambos usaban cuchillos de obsidiana y lancetas.

Árbol laxante, bueno para gripe y fiebre

Serpentaria contra dolores de estómago

SELECCIÓN MEDICINAL
Varias plantas y hierbas se usaban como medicina. Esta raíz (i.) se tomaba para reumas y mordidas venenosas. Algunas raíces eran de especial utilidad para malestares renales, y estos granos (ab.) servían para los problemas de circulación. A pesar de su amargo sabor, la quinina, que se extrae de la corteza de un árbol peruano, se tomaba para prevenir y curar la malaria.

Helecho para tratar reumatismo

Frutos secos para la buena circulación

Quinina, contra la malaria

VENDAJE EN UNA PIERNA
Los médicos tenían buen conocimiento del cuerpo, y por eso hacían diagnósticos precisos. Este cirujano azteca venda una pierna herida.

HOMBRE CON TUBERCULOSIS
Al igual que los andinos, los aztecas representaban en su arte enfermedades y deformaciones. Esta escultura es de un hombre con tuberculosis, una de las enfermedades más serias del México antiguo, la cual atacaba a muchos jóvenes. El realismo de la escultura nos muestra la espalda deformada a causa de la enfermedad.

VASIJA DE HOMBRE CON GRANOS
A pesar de que los conquistadores españoles introdujeron enfermedades desconocidas, parece que los andinos ya conocían algunas enfermedades graves desde antes. Ejemplos de éstas eran la *uta* (un tipo de lepra) y la sífilis. Quizá el hombre representado en esta vasija chancay padecía de alguna de estas enfermedades.

Peyote

PUESTO MEDICINAL EN MERCADO
En Mesoamérica se cultivaban plantas silvestres y
hierbas en jardines botánicos con fines medicinales y se
vendían en mercados. Había raíces, semillas, hojas de
maguey, resina de *copal* y todo tipo de plantas para curar
enfermedades que iban desde mordeduras de serpientes
hasta gota y fiebre. Los andinos inhalaban tabaco en
polvo para despejar la cabeza, aunque los
mesoamericanos también lo fumaban por placer.
Muchas semillas y raíces se combinaban con
vainilla, cocoa y maíz para que el sabor de la
medicina fuera más agradable, aunque a muchas
de estas esencias se les consideraba medicinales
por sí mismas.

FRUTOS DEL CACTUS
Los antiguos mexicanos
consumían plantas y
semillas, como las de
ololiuhqui (gloria matutina)
con fines medicinales. Estas
semillas y los frutos del
cactus o *peyote* (ar.) del
norte de México se
tomaban como drogas y
podían producir
alucinaciones. También se
tomaban estas drogas
alucinógenas para
comunicarse con los
dioses.

*Se tomaban piel y
carne de serpiente
para tratar
enfermedades*

*Frutos secos
y semillas*

*Hojas y
raíces*

39

Escritura y numeración

ANTIGUOS DIOSES AZTECAS
Según la mitología azteca, los más antiguos dioses y creadores del universo eran "el Señor y la Señora de nuestro sustento". Se les asocia con el tiempo y con el calendario.

Los quipus se usaban para los censos y con fines tributarios

TANTO LOS MESOAMERICANOS como los antiguos peruanos dejaron registros históricos, aunque de maneras distintas. Las culturas mesoamericanas tenían un sistema de escritura pictográfica y crearon archivos detallados de su historia y administración, mientras que los peruanos no tenían registros escritos. Los incas dieron testimonio sobre los tributos (p. 27) y los bienes, que contaban con la ayuda de un *quipu* (sistema de cuerdas anudadas). Muchas pinturas o glifos mesoamericanos eran pictogramas, donde se representaba un objeto por medio de un dibujo. Estos glifos también describían ideas; por ejemplo, un escudo y un garrote eran sinónimo de guerra. Este tipo de escritura se guardó en libros o códices, pintada en muros y vasijas, o tallada en objetos que iban desde monumentos hasta diminutas piezas. Los aztecas y los mayas estaban obsesionados con la numeración y el paso del tiempo: crearon un sistema de numeración *vigesimal* basado en la unidad del 20, y tenían dos calendarios: el solar y el religioso.

CLASE ALTA
Sólo la élite, una pequeña fracción de la sociedad mesoamericana, podía leer e interpretar los documentos escritos. Esta mujer maya lee un libro.

DÍAS DEL MES AZTECA
El año del calendario solar azteca duraba 365 días. Consistía en 18 meses de 20 días más cinco días que eran considerados de mala suerte. Esta ilustración muestra cuatro días del mes: cuchillo de pedernal, lluvia, flor y cocodrilo.

LIBRO MAYA PINTADO
Existen cuatro códices mayas. El que se muestra aquí, el Códice Trocortesiano, contiene información sobre predicciones futuras y rituales para los sacerdotes mayas. Los códices se hacían con papel preparado, con tela hecha de fibras de plantas de maguey o con piel de animal. Las pinturas de los códices mayas se hacían con finas brochas sobre largas tiras de papel de corteza, después las doblaban y las cubrían con una capa de yeso.

Los nudos de diversos tamaños significaban números

Copia facsímil del Códice Trocortesiano

CONTADOR INCA
Un contador especial estaba a cargo de llevar las cuentas. Tenía habilidad para contar, sin importar el tributo que debía pagarse.

MECANISMO DE CONTABILIDAD INCA
El *quipu* era una cuerda horizontal, de donde colgaban varios cordones anudados de diferente grosor y color. La información registrada dependía del tipo de nudo, de la longitud y color de la cuerda, así como de la posición de los cordones.

Sol o señor de la tierra

PIEDRA DEL SOL AZTECA

Esta piedra, que mide 13.2 pies (4 m) de diámetro, es la escultura azteca más grande que se ha descubierto. Al centro de la piedra está la cara del sol o señor de la tierra. Esta escultura también es conocida como "Piedra del Sol". De hecho, representa la creencia azteca de que el universo pasó por cuatro eras de creación, en las cuales el mundo fue destruido. Ahora estamos en la quinta, la cual será destrozada por terremotos. Según la mitología azteca, el sol, la luna y los seres humanos fueron creados con éxito al comienzo de la quinta era.

Una de las cuatro creaciones del mundo

Esta franja muestra los 20 días del mes

Este glifo dice: "muerte día uno"

DESCIFRANDO GLIFOS

El estudio de la escritura jeroglífica maya comenzó en 1827. Hacia 1950 ya se habían identificado nombres de dioses y animales. En 1960, los investigadores se dieron cuenta de que casi todas las inscripciones mayas eran históricas, sobre todo de nacimientos, coronaciones, guerras, muertes y matrimonios de reyes mayas. Esta escultura maya de piedra se colocaba sobre las puertas y ventanas. Según uno de sus glifos, data del siglo VI.

UNIÓN DE AÑOS

Los aztecas dividían el tiempo en "siglos" de 52 años. Al final y al comienzo de cada ciclo se celebraba una ceremonia azteca llamada "la unión de los años". En escultura, cada ciclo está representado con uniones de fechas. Esta piedra tallada de uniones simboliza la muerte de un siglo azteca.

Las barras y los puntos son glifos mayas para los números

Este códice se leía de arriba abajo, y de izquierda a derecha

Glifos que muestran cinco dioses

Glifos pintados sobre una fina capa de yeso

Tejido e hilado

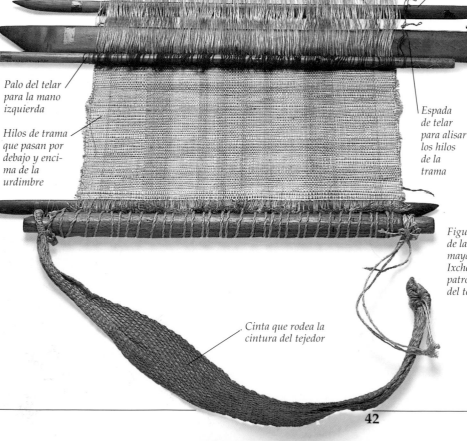

Gran parte del tejido andino se hacía en el telar de cintura

NINGÚN OTRO PUEBLO en las Américas ha legado tal riqueza de textiles tejidos como los antiguos peruanos. Sus textiles exquisitamente trabajados han sobrevivido en tumbas de áreas peruanas de climas desérticos. La tradición del tejido e hilado la practicaban todas las mujeres en Mesoamérica y en la región andina. Hilaban y tejían para las necesidades de su familia, así como para contribuir con bienes tejidos para el pago de impuestos a los gobernantes. Los textiles estaban hechos de algodón y fibra de maguey en Mesoamérica, mientras que en la región andina se usaba lana de alpaca y de llama.

Textil nazca con orilla de fleco

Rodillo del telar, que se sujeta de un árbol o poste

Urdimbre es el nombre de los hilos atados a los rodillos del telar

TINTES NATURALES

En Mesoamérica, el algodón se usaba para los textiles de la clase alta; las fibras de maguey, yuca y palma eran para los plebeyos. El hilo se teñía antes de tejer. Algunos tintes se elaboraban con jugo de flores y frutos, y también se extraían de mariscos y de la cochinilla, un insecto que vive en el cactus.

Huso

TELAR DE CINTURA

El telar más común en las Américas era el telar de cintura (i.), e incluso hoy día se sigue usando. Este telar consiste en un rodillo en un lado que se sujeta a un árbol o poste y otro rodillo que se ata a la cintura del tejedor. Se regula la tensión por medio de un cinturón. Los hilos de trama (horizontales) pasan por debajo y encima de las hebras de urdimbre (verticales) mediante el palo del telar y el huso para alzarlas. Para cambiar el patrón o poner más color, se usan más hilos de trama o se alzan distintos grupos de hebras de urdimbre.

Palo del telar para la mano izquierda

Hilos de trama que pasan por debajo y encima de la urdimbre

Espada de telar para alisar los hilos de la trama

Figura de la diosa maya Ixchel, patrona del tejido

Cinta que rodea la cintura del tejedor

JOVEN MAYA TEJIENDO
Esta figura maya muestra a una joven sentada en el suelo tejiendo con un telar de cintura.

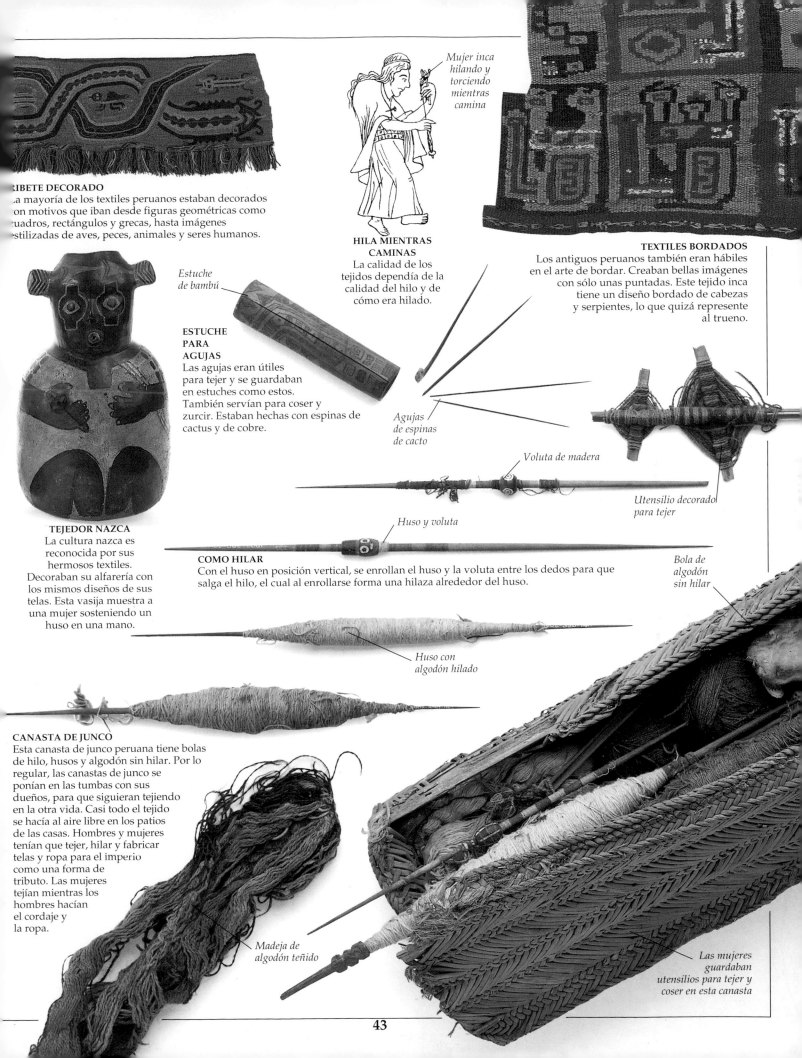

RIBETE DECORADO
La mayoría de los textiles peruanos estaban decorados con motivos que iban desde figuras geométricas como cuadros, rectángulos y grecas, hasta imágenes estilizadas de aves, peces, animales y seres humanos.

Mujer inca hilando y torciendo mientras camina

HILA MIENTRAS CAMINAS
La calidad de los tejidos dependía de la calidad del hilo y de cómo era hilado.

TEXTILES BORDADOS
Los antiguos peruanos también eran hábiles en el arte de bordar. Creaban bellas imágenes con sólo unas puntadas. Este tejido inca tiene un diseño bordado de cabezas y serpientes, lo que quizá represente al trueno.

Estuche de bambú

ESTUCHE PARA AGUJAS
Las agujas eran útiles para tejer y se guardaban en estuches como estos. También servían para coser y zurcir. Estaban hechas con espinas de cactus y de cobre.

Agujas de espinas de cacto

Voluta de madera

Utensilio decorado para tejer

TEJEDOR NAZCA
La cultura nazca es reconocida por sus hermosos textiles. Decoraban su alfarería con los mismos diseños de sus telas. Esta vasija muestra a una mujer sosteniendo un huso en una mano.

Huso y voluta

COMO HILAR
Con el huso en posición vertical, se enrollan el huso y la voluta entre los dedos para que salga el hilo, el cual al enrollarse forma una hilaza alrededor del huso.

Bola de algodón sin hilar

Huso con algodón hilado

CANASTA DE JUNCO
Esta canasta de junco peruana tiene bolas de hilo, husos y algodón sin hilar. Por lo regular, las canastas de junco se ponían en las tumbas con sus dueños, para que siguieran tejiendo en la otra vida. Casi todo el tejido se hacía al aire libre en los patios de las casas. Hombres y mujeres tenían que tejer, hilar y fabricar telas y ropa para el imperio como una forma de tributo. Las mujeres tejían mientras los hombres hacían el cordaje y la ropa.

Madeja de algodón teñido

Las mujeres guardaban utensilios para tejer y coser en esta canasta

43

Ropa y accesorios

LA FORMA DE vestirse era muy diferente en Mesoamérica y Sudamérica, pero en ambas regiones reflejaba la clase social de la persona. La gente que usaba ropa de material fino con colores y decoración elaborados era de clase alta. Los incas hacían su ropa con lana, aunque en la costa preferían el algodón. La lana de alpaca la usaba la gente común, y la sedosa lana de vicuña la usaban los nobles. En Mesoamérica, las prendas se hacían de algodón o de fibras vegetales. La indumentaria era muy sencilla, era sólo un pedazo de tela que cubría parte del cuerpo. Los hombres de ambas regiones usaban taparrabos. Las mujeres aztecas usaban una falda alrededor de la cadera y los hombres capas sobre los hombros. Algunas prendas, como los ponchos y casacas, se ponían por arriba de la cabeza y se cosían a los lados.

GORRAS
En la región andina, se usaban gorras tejidas de algodón o de lana. Esta hermosa gorra chimú es poco común, ya que es de lana tejida.

SANDALIAS
Los incas hacían sandalias de piel del cuello de las llamas. En otras regiones, las sandalias eran de lana o, como aquí se muestra, de fibra de la planta de áloe.

Cintas de lana trenzada

EN LA BOLSA
Todos los hombres peruanos llevaban una pequeña bolsa colgada del hombro bajo su capa. En ella llevaban hojas de coca para mascar y amuletos de la buena suerte.

PONCHO SIN MANGAS (*d.*)
Algunos ponchos estaban decorados con hermosos diseños y eran prendas tan importantes que se enterraba a los muertos con ponchos puestos. En las tierras altas de Perú, tanto hombres como mujeres siguen usándolos.

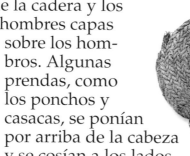

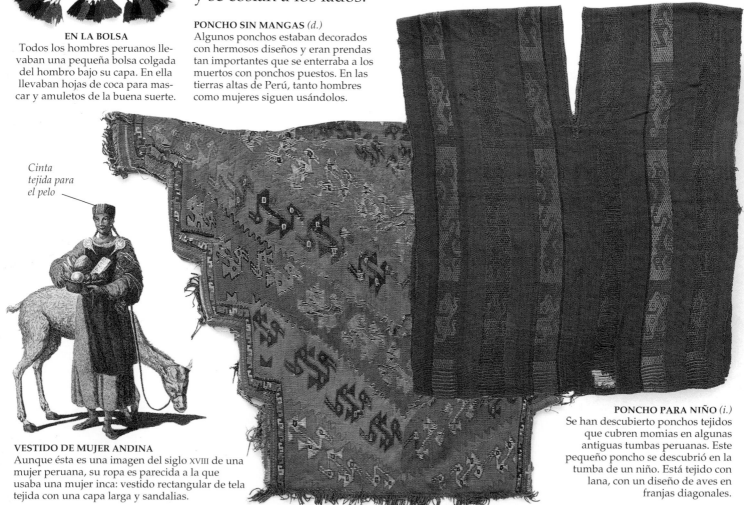

Cinta tejida para el pelo

VESTIDO DE MUJER ANDINA
Aunque ésta es una imagen del siglo XVIII de una mujer peruana, su ropa es parecida a la que usaba una mujer inca: vestido rectangular de tela tejida con una capa larga y sandalias.

PONCHO PARA NIÑO (*i.*)
Se han descubierto ponchos tejidos que cubren momias en algunas antiguas tumbas peruanas. Este pequeño poncho se descubrió en la tumba de un niño. Está tejido con lana, con un diseño de aves en franjas diagonales.

COLLAR DE CONCHAS
En Mesoamérica, sólo los gobernantes y los nobles podían usar joyas como cintas para el pelo y los brazos, y aretes para la nariz, los labios y las orejas. Incluso no todos podían llevar collares de conchas como éste.

ROPA DIFERENTE, TRABAJO DIFERENTE
Los aztecas usaban ropa según su función en la sociedad. Los tocados elaborados y las telas lujosas que aquí usa esta persona muestran que tenía un alto rango.

ROPA COORDINADA
Esta mujer maya lleva puesto turbante, falda y chal que hacen juego. Su hermoso cabello largo está sujeto con cintas blancas. Lleva adornos de plumas en una oreja y un brazalete probablemente de piel.

DAMA SOFISTICADA
Esta figura con atuendo ostentoso es de una mujer maya de alto rango. Lleva un tocado de dos pliegues y aretes azules que quizá sean de turquesa. Su collar de cuentas es parecido a la forma de los collares de jade mayas. También lleva brazaletes en ambos brazos. Con una mano protege su rostro con un parasol.

CAPA ELABORADA
En toda Mesoamérica se usaban capas como ésta. Este comandante del ejército es de alto rango, por lo que la decoración de su capa es elaborada.

Parasol

Tocado rebuscado de dos pliegues

Toga con agujeros para los brazos y cuello cuadrado

Las mujeres mayas caminaban descalzas

MODA MASCULINA
Esta cabeza de tamaño natural de un mixteca muestra los ornamentos que usaba. Tiene una cinta atada en la frente con la cabeza de un ave al centro y discos azules a los lados. Lleva el cabello suelto, aretes azules y la boca pintada con manchas blancas y negras, que parecen un adorno.

Grandes alfareros

VASIJA CON FRESCO MAYA
Esta vasija cilíndrica, decorada con la figura de un jaguar, era una figura común entre los mayas. La cubrieron con estuco y la pintaron mientras estaba fresca.

LOS OBJETOS DECORADOS de cerámica de las culturas andinas fueron uno de sus más grandes logros. Los mesoamericanos también tenían una vasta tradición de alfarería. En ninguna región los alfareros usaban un torno, pero crearon una amplia gama de figuras que decoraban con pinturas o tallados. Los objetos de cerámica más finos eran para los ricos o de uso ritual. La alfarería para uso diario era más sencilla. Debido a la falta de un sistema de escritura, la alfarería es una buena fuente de información sobre las sociedades que la hicieron, las ideas religiosas y las influencias culturales.

JARRÓN ARYBALLUS
La cerámica inca es de excelente calidad y se hace en varias formas estándares. La más típica es el jarrón "aryballus" con una base cónica elevada y cuello acampanado.

Jarrón para almacenar agua o cerveza chicha

VASIJA DE RANA MOCHICA
Los alfareros mochicas basaban sus diseños en imágenes realistas e imaginativas en animales, figuras humanas y plantas. Las vasijas con asas de estribos como ésta servían como recipientes de "libación" para hacer ofrendas de líquidos a los dioses.

Decoración de una vasija nazca

VASIJA NAZCA
La civilización nazca se distingue por su alfarería, decorada con diversos colores y criaturas reales y mitológicas como este demonio con cuerpo de humano.

Vasija con pico y asa de estribo en forma de rana

Ojos de jade y concha   *Concha*

VASIJA DE POLLO
Éste es un buen ejemplo de la creatividad e imaginación de los alfareros teotihuacanos. Los ojos de este "pollo" están hechos de jade y concha, y el cuerpo está decorado con caracolas.

La forma en que se hizo una pieza y sus adornos ayudan a saber la fecha de su producción

PALETA PARA PINTAR
Es posible que los alfareros teotihuacanos hayan usado algún tipo de paleta para mezclar los pigmentos. Usaban colores tanto vegetales como minerales. Quizá este objeto de alfarería se usaba como paleta.

FIGURA Y MOLDE
Esta figura de una diosa con dos niños se hizo con la ayuda de un molde de barro. Quizá se colocó en el altar de la casa de un campesino, ya que no podía costear algo más grande o de mejor calidad.

Diosa de barro

Molde para la diosa

Los alfareros aztecas decoraban el interior de los tazones

TAZÓN AZTECA
La decoración de este tazón está basada en el diseño de líneas en zigzag. Por lo general, la decoración en pintura era de dos colores, como en este tazón.

Colibrí posado en el borde

Esta urna contiene cenizas humanas

COPA MIXTECA
Esta hermosa copa mixteca está decorada con un colibrí posado en el borde. La base tiene un diseño "escalonado", característico de los artistas mixtecos.

Diseño escalonado

Urna hallada en el Templo Mayor

URNA FUNERARIA
Algunas vasijas de barro no tenían color, pero la decoración estaba tallada en la superficie. La imagen de uno de los lados de esta urna es de un dios barbudo con un collar. Lleva un lanzador en una mano y lanzas en la otra.

Arte plumario

LOS COLORES Y brillo natural de las plumas de aves tropicales hacían de ellas un valioso objeto de comercio y tributo en Mesoamérica y la región andina de Sudamérica. Se cazaba y criaba en cautiverio a aves tropicales para obtener sus plumas, las cuales eran trabajadas con formas y diseños impresionantes. Para los mesoamericanos, las plumas verdes irisadas del quetzal eran las más preciadas. Los incas usaban plumas como parte de su vestido, para tejer ropa para ocasiones especiales, para decorar penachos y túnicas, y para hacer mosaicos (plumas pegadas a un respaldo para decorar objetos pesados, como escudos). Los aztecas que trabajaban las plumas hacían bellas prendas sólo para la nobleza, mientras que los mayas hacían hermosos atuendos con una extensión en la espalda que hacían ver a la persona como un ave.

MOSAICOS DE PLUMAS

El México antiguo tenía un grupo de expertos trabajadores de plumas que usaban métodos complicados para pegar y tejer los mosaicos de plumas. Bernardino de Sahagún, un fraile español, estudió e ilustró estos métodos.

Penacho de plumas alto

BLUSA Y PENACHO DE PLUMAS

A este tipo de blusa de plumas se le llama *poncho*. Cada una de las plumas está cuidadosamente cosida a una tela de algodón para hacer un diseño estilizado de búhos y peces. Varias culturas peruanas, como la chimú y la inca, tenían expertos trabajadores de plumas.

Abanico de plumas de guacamaya

Mango de lana marrón trenzada

GAMA DE COLOR

Los antiguos peruanos hacían coloridos abanicos con plumas de aves tropicales. Estos abanicos eran útiles para refrescarse en climas cálidos. Los peruanos fabricaron muchos objetos prácticos con plumas, en especial de loros y guacamayas, que eran sus aves favoritas.

PENACHO DE PLUMAS
Es posible que este sencillo penacho peruano se haya hecho con plumas de aves de la región amazónica. Los objetos hechos con plumas de aves exóticas eran un símbolo de posición social.

Las cintas se usaban para atar el penacho a la cabeza

PENACHO DE MOCTEZUMA
Ésta réplica del penacho de Moctezuma, último emperador azteca, fue parte del botín que mandó Cortés a España (págs. 62-63). Es de plumas verdes de quetzal, plumas azules de cotinga y discos de oro.

Este penacho tiene plumas de al menos 250 aves

Abanico con una mariposa de un lado y una flor del otro

Penacho de plumas

ABANICO MEXICANO
Este abanico se hizo con plumas de diversas aves. Sólo los dignatarios usaban abanicos lujosos como éste.

Mango de bambú

Capa de plumas verdes y amarillas

Vista trasera

Vista frontal

Vista lateral

TRAJE DE GUERRERO
El rango de un guerrero azteca se reflejaba en el tipo de traje que usaba. Este elaborado traje de plumas, junto con un escudo y penacho, lo usaba un guerrero de alto rango.

Penacho de plumas

Traje de plumas de un guerrero de alto rango

Escudo de plumas

PLUMAS EN PIEDRAS
Originalmente, esta figura de piedra tallada de un templo en Chichén Itzá estaba pintada por completo. Las acuarelas muestran dos vistas de cómo pudo haber sido. La figura lleva una capa larga de plumas y un penacho de plumas.

VUELTA AL PASADO
Acuarelas como ésta de la artista británica Adela Breton nos dan una idea de cómo se pintaban las esculturas precolombinas y de cómo eran los edificios de Chichen Itzá en un principio.

Traje de plumas

Metales preciosos

ORNAMENTO PARA LABIO
Las cabezas de águila que hacían los mixtecas eran una decoración común en ornamentos para los labios. Gran parte de la orfebrería mixteca era para la élite azteca. Para usar estos ornamentos se perforaba el labio inferior

LA TRADICIÓN PERUANA de fabricar una espléndida joyería con metales preciosos comenzó hace 3,500 años, la edad de la pieza más antigua descubierta en los Andes. Los métodos de metalurgia evolucionaron gradualmente, y desde antes de la era cristiana ya se trabajaban los metales en Sudamérica. Su introducción a Mesoamérica data del año 850 a.C. Algunos de los metales preciosos más comunes en las Américas son el oro, la plata y el platino, los cuales se usaban en su mayoría para uso ritual, utensilios y joyas. También se usaban combinaciones de oro y plata, y de cobre y oro (llamada *tumbaga*). Debido al valor asociado con el oro, usar joyería de este metal era símbolo del poder y la riqueza de la persona. Cuando moría una persona acaudalada, se llenaba su tumba con objetos de oro y plata incrustados con piedras preciosas.

CRIATURA DE ORO
Los antiguos orfebres sudamericanos crearon muchas criaturas fantásticas. Esta figura es una mezcla de humano y formas animales.

VASO CON RETRATO
A este vaso se le llama "vaso con retrato" ya que parece mostrar un rostro. Por lo general, estos vasos se hacían con plata martillada.

Ojos almendrados

Nariz aguileña

El vaso tiene el diseño martillado de un ave

VASO DE PLATA
A estos vasos se les conoce como *keros*. Se les ha hallado en toda la región andina en cementerios junto con otros objetos cerca de los cadáveres. Algunos *keros* se usaban para beber *chicha*, un tipo de cerveza de maíz. Otros tenían incrustaciones de turquesa. Este vaso es el trabajo de un herrero chimú, que data de antes del periodo inca.

COLLAR ELEGANTE
De los pocos objetos de oro que sobrevivieron en el Valle de México, la mayoría se han hallado en el Templo Mayor de los aztecas. Las cuentas de este collar son de oro hueco. Algunas son lisas y otras están decoradas con diseños en espiral.

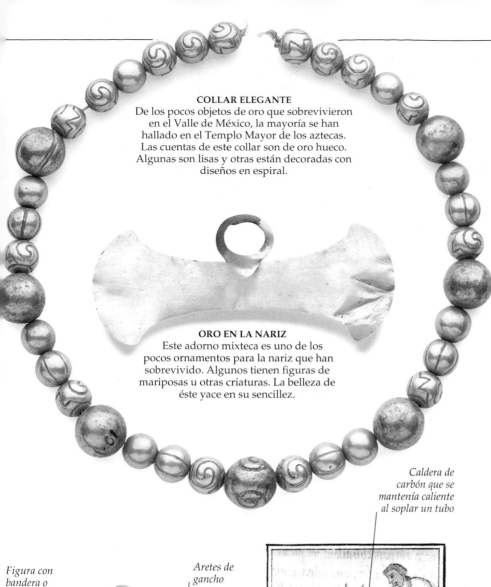

ORO EN LA NARIZ
Este adorno mixteca es uno de los pocos ornamentos para la nariz que han sobrevivido. Algunos tienen figuras de mariposas u otras criaturas. La belleza de éste yace en su sencillez.

Rayo

SONAJA DE MURCIÉLAGO
Esta sonaja de oro fundido representa a un dios murciélago. El dios está sosteniendo un rayo en una mano y una lanza en la otra.

ORO CRIBADO
La mayoría del oro que usaban los indios peruanos se obtenía de minas subterráneas en ríos, donde el oro está cerca de la superficie. Usaban palos para cavar y quebrar la tierra y bandejas huecas para cargar y lavar el oro.

Caldera de carbón que se mantenía caliente al soplar un tubo

Figura con bandera o estandarte

Aretes de gancho

ORFEBRE
El orfebre tenía una posición alta en la sociedad azteca. Hacía objetos complicados con el método de "cera perdida". Primero preparaban un molde con cera de abeja y lo cubría con una capa de barro. Al calentarlo, la cera derretida salía del molde y éste se llenaba con el metal fundido. En esta ilustración, el orfebre está a punto de verter el oro fundido en un molde.

CUCHARILLA DE LIMÓN
Estas diminutas cucharas se usaban para preparar una droga llamada *coca*. Con ellas se ponía limón en polvo en una hoja de coca, se enrollaba y se masticaba.

Mango con forma de colibrí

Mango con forma de mono

Las llamas eran de gran valor en la región andina, por lo que se elaboraron figuras con su forma

FIGURA DE ORO ZAPOTECA
Muchos objetos de oro son representaciones de gente importante o dioses. Es posible que lo que usan tuviera un significado simbólico para los mesoamericanos, pero nosotros sólo podemos imaginarlo. Esta figura en pie de oro quizá fue el trabajo de un orfebre zapoteca. Lleva un colgante en el cuello y tres campanas penden de la cabeza del colgante.

LLAMA DORADA
Los incas hacían vasijas y figuras con el método de vaciado, esto es, vertían el metal fundido en un molde. Algunos objetos, como esta figura de llama, también tenían soldaduras.

Piedras preciosas

LOS INCAS, LOS MAYAS Y LOS AZTECAS gustaban de todo tipo de piedras, y sus hábiles artesanos les hacían bellísimos objetos con ellas. Los incas preferían la turquesa, la cual incrustaban en objetos de oro y plata. Los mesoamericanos preferían piedras de diferentes colores con superficies brillantes como el jade y las piedras verdes en general, la turquesa, el ónix, el cuarzo y el pórfido (una piedra rojo oscuro). Además de la joyería, elaboraban una variedad de contenedores, máscaras y esculturas. El jade era el material más preciado para los mesoamericanos, ya que lo asociaban con el agua, líquido vital, y con el color de la planta del maíz, la base de su alimentación. La turquesa también tenía un gran valor y la trabajaban tanto en Mesoamérica como en las regiones andinas.

Collar de discos gruesos de turquesa

COLLAR DE TURQUESA
En la región andina, la turquesa se usaba para la joyería y para decorar objetos como vasijas y estatuas. Es probable que este collar lo hayan hecho artesanos incas.

Cuentas de concha roja

COLLAR DE ORO Y TURQUESA
La turquesa era de gran valor en la región andina. Sólo han sobrevivido unas cuantas piezas, como este delicado collar inca.

MUJER CHIMÚ
Esta figura chimú (i.) es de una mujer con un tocado y un collar de diversas cuentas, que quizá sean conchas y piedras.

Piezas de turquesa

Cuenta hueca de oro

MURCIÉLAGO
Esta máscara zapoteca de mosaico está hecha con 25 piezas de jade. Tiene forma de cabeza humana cubierta con una máscara de murciélago, símbolo importante en el arte zapoteca.

Ojos de concha

VASO DE ÓNIX
En Mesoamérica, el ónix se usaba para hacer objetos a la élite. El artesano tomaba un trozo de ónix y cortaba el centro con herramientas de obsidiana (ar.). Muchos artículos de ónix eran redondeados como este vaso (ab.), ya que ésta era la forma más fácil de producir.

MÁSCARA DE TURQUESA (d.)
Una de las artes más sorprendentes de Mesoamérica era la de mosaicos, en especial cuando se usaba turquesa. Esta máscara, que representa al dios Quetzalcóatl, es uno de los ejemplos de mosaico mejor conservados.

DE TAL PADRE, TAL HIJO
Los artesanos como este lapidario (los que cortan las piedras preciosas) enseñaban sus habilidades a sus hijos, quienes seguirían con el negocio cuando adultos. Los aztecas creían que el arte de los lapidarios y orfebres venía de los toltecas, quienes habían adquirido habilidades del dios Quetzalcóatl.

Detalle del Códice Mendocino

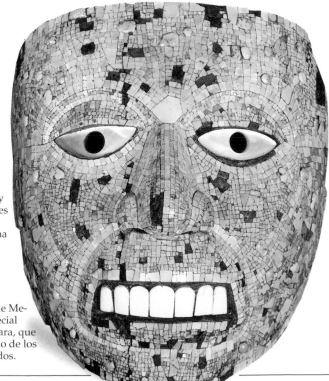

Ojos y dientes de concha

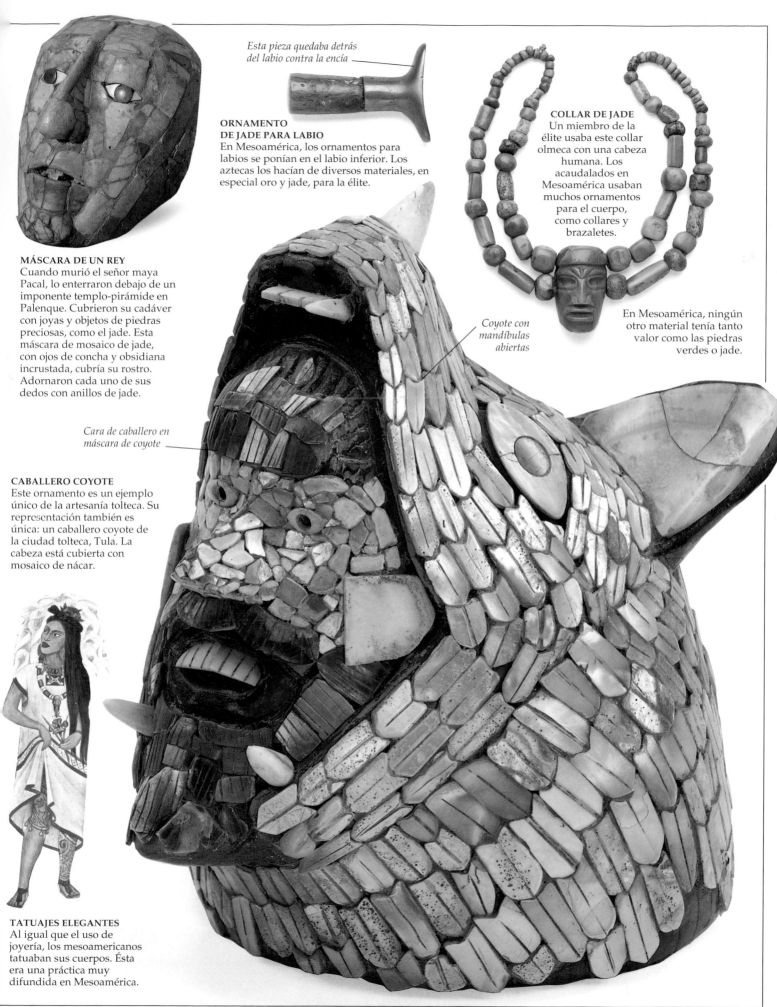

ORNAMENTO DE JADE PARA LABIO
Esta pieza quedaba detrás del labio contra la encía

En Mesoamérica, los ornamentos para labios se ponían en el labio inferior. Los aztecas los hacían de diversos materiales, en especial oro y jade, para la élite.

COLLAR DE JADE
Un miembro de la élite usaba este collar olmeca con una cabeza humana. Los acaudalados en Mesoamérica usaban muchos ornamentos para el cuerpo, como collares y brazaletes.

MÁSCARA DE UN REY
Cuando murió el señor maya Pacal, lo enterraron debajo de un imponente templo-pirámide en Palenque. Cubrieron su cadáver con joyas y objetos de piedras preciosas, como el jade. Esta máscara de mosaico de jade, con ojos de concha y obsidiana incrustada, cubría su rostro. Adornaron cada uno de sus dedos con anillos de jade.

Cara de caballero en máscara de coyote

Coyote con mandíbulas abiertas

En Mesoamérica, ningún otro material tenía tanto valor como las piedras verdes o jade.

CABALLERO COYOTE
Este ornamento es un ejemplo único de la artesanía tolteca. Su representación también es única: un caballero coyote de la ciudad tolteca, Tula. La cabeza está cubierta con mosaico de nácar.

TATUAJES ELEGANTES
Al igual que el uso de joyería, los mesoamericanos tatuaban sus cuerpos. Ésta era una práctica muy difundida en Mesoamérica.

Máscaras

DURANTE CIENTOS DE AÑOS, en América se usaron máscaras de oro, obsidiana, jade y madera, y algunas incrustadas con turquesa y coral. Era común poner máscaras sobre la cara de las momias para proteger a los muertos de los peligros de la otra vida, aunque también se usaban para festivales. Las máscaras y los disfraces tenían un significado simbólico para los incas y los aztecas, quienes creían que la música y la danza (págs. 56-57) eran una forma de expresión religiosa. Incluso hoy en día, en Mesoamérica y la región andina la gente sigue usando máscaras en festivales.

MÁSCARA HUMANA
Esta máscara de jade finamente tallada era una ofrenda para los dioses y fue hallada en el Templo Mayor de los aztecas. Está incrustada con concha y obsidiana, y sus lóbulos están perforados.

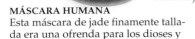
Arete de jade

MÁSCARA DE COBRE MARTILLADO
Se han encontrado varias máscaras, como ésta de cobre (i.), sobre momias en muchos lugares de entierro andinos. Entre más acaudalado fuera el individuo, más elaborado sería el entierro y más caras serían las telas que envolvieran y decoraran a la momia.

Máscara de piedra

VALOR EN MÁSCARAS
Muchos objetos de la región, incluyendo máscaras, se hallaron en el Templo Mayor de los aztecas. Esta máscara se pagó como tributo a los aztecas (págs. 26-27).

Es posible que estos orificios tuvieran insertado cabello hilado

CABEZA MAYA
Muchas cabezas y máscaras dan una idea de cómo era la gente. Esta cabeza muestra que los mayas practicaban la deformación, lo que significa que forzaban la cabeza para estirar la frente.

MÁSCARA DE JOYAS
Esta máscara funeraria chimú está hecha con delgadas chapas de oro. Quizá se colocó sobre la cara de una momia. El adorno de la nariz, decorado con discos de oro, se hizo por separado.

Ojos decorados con cuentas de esmeralda

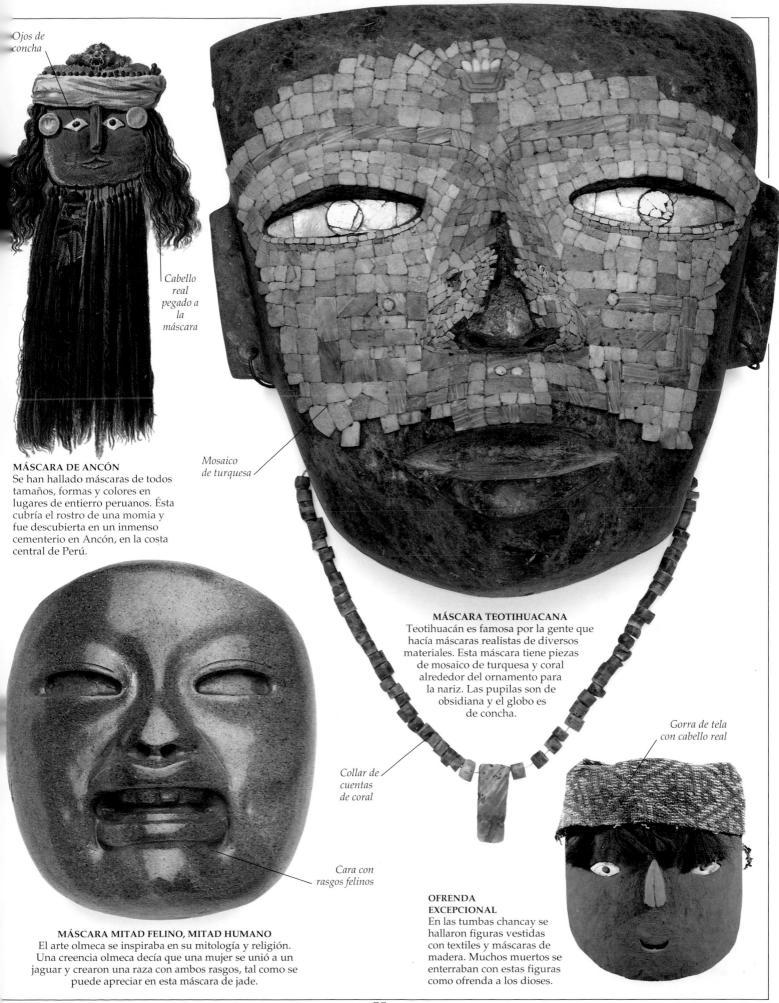

Ojos de
concha

Cabello
real
pegado a
la
máscara

MÁSCARA DE ANCÓN
Se han hallado máscaras de todos
tamaños, formas y colores en
lugares de entierro peruanos. Ésta
cubría el rostro de una momia y
fue descubierta en un inmenso
cementerio en Ancón, en la costa
central de Perú.

Mosaico
de turquesa

MÁSCARA TEOTIHUACANA
Teotihuacán es famosa por la gente que
hacía máscaras realistas de diversos
materiales. Esta máscara tiene piezas
de mosaico de turquesa y coral
alrededor del ornamento para
la nariz. Las pupilas son de
obsidiana y el globo es
de concha.

Gorra de tela
con cabello real

Collar de
cuentas
de coral

Cara con
rasgos felinos

**OFRENDA
EXCEPCIONAL**
En las tumbas chancay se
hallaron figuras vestidas
con textiles y máscaras de
madera. Muchos muertos se
enterraban con estas figuras
como ofrenda a los dioses.

MÁSCARA MITAD FELINO, MITAD HUMANO
El arte olmeca se inspiraba en su mitología y religión.
Una creencia olmeca decía que una mujer se unió a un
jaguar y crearon una raza con ambos rasgos, tal como se
puede apreciar en esta máscara de jade.

Música y danza

LA MÚSICA, LOS CANTOS Y LA DANZA eran parte importante en la vida de mesoamericanos y sudamericanos. Las escenas de gente tocando música y bailando son parte de la decoración de vasijas, en especial las de alfarería mochica. Los instrumentos más comunes en Mesoamérica y Sudamérica eran sonajas, silbatos, trompetas, flautas, campanas de cobre y conchas. Los instrumentos de cuerda eran prácticamente desconocidos. La música sudamericana no era muy variada, y por lo general los instrumentos musicales sólo tocaban un tono. Para estas civilizaciones, la música y la danza estaban ligadas a la religión. Todos, desde gobernantes hasta campesinos, participaban en las danzas que hacían en honor a sus dioses.

FLAUTISTA MOCHICA
Muchas vasijas mochica son representaciones realistas de su gente y sus pasatiempos. Ésta muestra que en la región andina tocaban la flauta.

Sonaja en forma de cabeza de perro

TROMPETA DE BARRO
Las trompetas mochica tenían formas rectas y espirales. Ésta tiene en un extremo dos cabezas de gato, que quizá representen a un dios. Esta forma es típica de las trompetas.

Las cabezas de gato tenían quijadas que parecían gruñir enseñando los colmillos

Los aztecas tocaban dos tipos de tambor: el *huehuetl* o *tlapanhuehuetl*, un tambor vertical, y el *teponaztli* o tambor horizontal

Poste decorado con hojas y banderas de papel

FIESTA PARA MUERTOS
La música y la danza eran una parte importante de las festividades y rituales. Esta ilustración muestra a hombres tomados de las manos bailando alrededor de un poste en una fiesta para los muertos. El poste está adornado con hojas de papel y tres banderas, una de ellas decorada con plumas. Los aztecas adornaban la imagen de los muertos con banderas. La fiesta duraba todo el día y la gente bailaba al compás del tambor que tocaba un sacerdote. Los danzantes eran cautivos que se quemaban luego en un acto de sacrificio.

Tambor cubierto con piel de felino

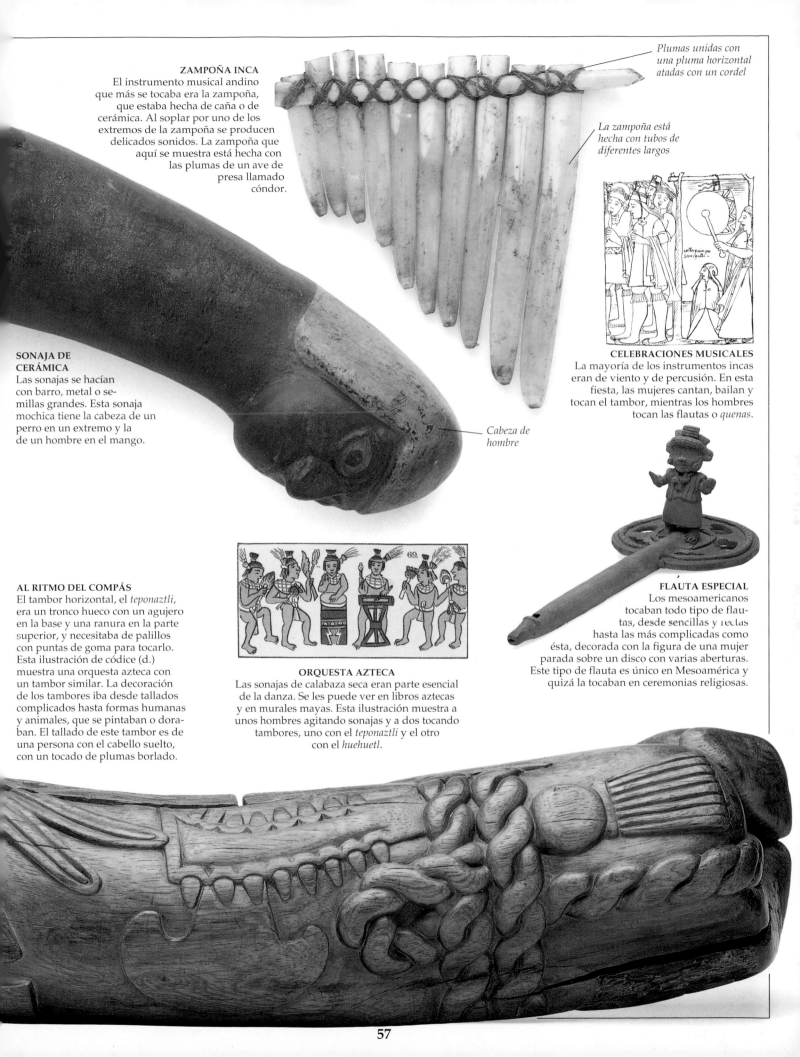

ZAMPOÑA INCA
El instrumento musical andino que más se tocaba era la zampoña, que estaba hecha de caña o de cerámica. Al soplar por uno de los extremos de la zampoña se producen delicados sonidos. La zampoña que aquí se muestra está hecha con las plumas de un ave de presa llamado cóndor.

Plumas unidas con una pluma horizontal atadas con un cordel

La zampoña está hecha con tubos de diferentes largos

SONAJA DE CERÁMICA
Las sonajas se hacían con barro, metal o semillas grandes. Esta sonaja mochica tiene la cabeza de un perro en un extremo y la de un hombre en el mango.

Cabeza de hombre

CELEBRACIONES MUSICALES
La mayoría de los instrumentos incas eran de viento y de percusión. En esta fiesta, las mujeres cantan, bailan y tocan el tambor, mientras los hombres tocan las flautas o *quenas*.

AL RITMO DEL COMPÁS
El tambor horizontal, el *teponaztli*, era un tronco hueco con un agujero en la base y una ranura en la parte superior, y necesitaba de palillos con puntas de goma para tocarlo. Esta ilustración de códice (d.) muestra una orquesta azteca con un tambor similar. La decoración de los tambores iba desde tallados complicados hasta formas humanas y animales, que se pintaban o doraban. El tallado de este tambor es de una persona con el cabello suelto, con un tocado de plumas borlado.

ORQUESTA AZTECA
Las sonajas de calabaza seca eran parte esencial de la danza. Se les puede ver en libros aztecas y en murales mayas. Esta ilustración muestra a unos hombres agitando sonajas y a dos tocando tambores, uno con el *teponaztli* y el otro con el *huehuetl*.

FLAUTA ESPECIAL
Los mesoamericanos tocaban todo tipo de flautas, desde sencillas y rectas hasta las más complicadas como ésta, decorada con la figura de una mujer parada sobre un disco con varias aberturas. Este tipo de flauta es único en Mesoamérica y quizá la tocaban en ceremonias religiosas.

Deportes y juegos

Todos los aspectos de la vida de los aztecas giraban en torno a la religión, incluyendo los deportes y los juegos. Los dos principales juegos aztecas eran el *patolli*, un juego de mesa parecido al *backgammon*, y el juego de pelota *ulama*, el cual practicaban otras antiguas civilizaciones mexicanas, como los mayas, mucho antes que los aztecas. Además de ser un deporte, el juego de pelota tenía un significado religioso. La cancha representaba el mundo y la pelota era la Luna y el Sol. Se hacían apuestas al comienzo del juego e incluso algunos jugadores lo perdían todo, incluyendo su vida.

JUEGO DEL SIGLO
El juego llamado *patolli* se jugaba sobre un tablero con cuatro divisiones. Los frijoles se usaban como dados y las "fichas" eran piedras de diferentes colores. El tablero se dividía en 52 partes, igual que el siglo azteca.

EL LUCHADOR
Esta escultura de basalto de un atleta con los brazos alzados y la espalda arqueada sugiere que los olmecas practicaban algún tipo de lucha.

Protector para el brazo

Sólo los nobles podían jugar el juego de pelota

Los jugadores lanzaban la pelota con la cadera

Protector para la cadera

ARO EN LA CANCHA DE JUEGO
Los jugadores tenían que lanzar la pelota a través de aros como éste para anotar puntos. Los aros tenían distintas decoraciones, como serpientes y monos. Cuando los españoles llegaron a México (págs. 62-63) hallaron varios aros de piedra que sobresalían de las paredes de la cancha de juego.

JUGADOR DE PELOTA EN ACCIÓN
Las figuras mayas de jugadores de pelota en acción nos dan idea de cuántos elementos componían su traje. Los jugadores usaban cascos, así como guantes y protectores de piel para rodillas y cadera. Todo esto era esencial para protegerlos de la dura pelota de goma o caucho.

HACHA DE PIEDRA

Hacha en forma de cabeza

Yugo de jade tallado con gran cuidado

Diversas culturas mesoamericanas usaban hachas (ar.) como parte del juego de pelota. Quizá se llevaban adheridas al frente del yugo en procesiones rituales.

CANCHA DE PELOTA

Esta cancha de pelota en Chichén Itzá tiene forma de i mayúscula. Era muy difícil meter la pelota entre los aros, pues estaban colocados a 27 pies (8 m) de altura.

JUEGO DE PELOTA

A pesar de que nadie sabe con exactitud cómo era el juego de pelota, sí sabemos que participaban dos equipos, cada uno de dos o tres jugadores, con una pelota de goma en canchas especiales para este juego. Era peligroso por la velocidad a la que se lanzaba la pelota de un lado de la cancha al otro con ayuda de la cadera ya que no estaba permitido usar los pies ni las manos. El juego variaba según el día y el lugar.

YUGOS DE JADE

Los yugos de piedra (i.) y las hachas (ar., i.), como éstas hermosamente talladas, quizá sean réplicas de artículos de madera o piel que utilizaban en el ceremonial juego de pelota. Los yugos grandes y con forma de herradura se usaban alrededor de la cintura del jugador como cinturones de protección. Es posible que los yugos de piedra se usaran de moldes para hacer copias en piel o madera.

MARCADORES

A los lados de la cancha de juego se colocaban marcadores de piedra como éste que mide unos 7 pies (2 m) de alto. En las canchas mayas había hasta tres marcadores clavados en el suelo. No se sabe bien cómo era la puntuación, ni para qué se usaban los marcadores.

Sangre en forma de serpientes

JUEGO SIMBÓLICO

Había muchas creencias sobre el juego de pelota. La violenta competencia era un símbolo de la batalla entre la oscuridad (la noche) y la luz (el día), y también era una representación de la muerte y renacimiento del Sol. La gente también creía que entre más jugaran el juego de pelota, mejor sería la cosecha.

Aro en la cancha

Ilustración de códice de una cancha

PIERDEN TODO

Las apuestas eran altas para los rivales en el juego de pelota. Por lo general, el equipo perdedor era sacrificado. Esta pieza esculpida muestra a un jugador decapitado. La sangre de su cuello tiene forma de serpientes, que eran símbolo de fertilidad agrícola.

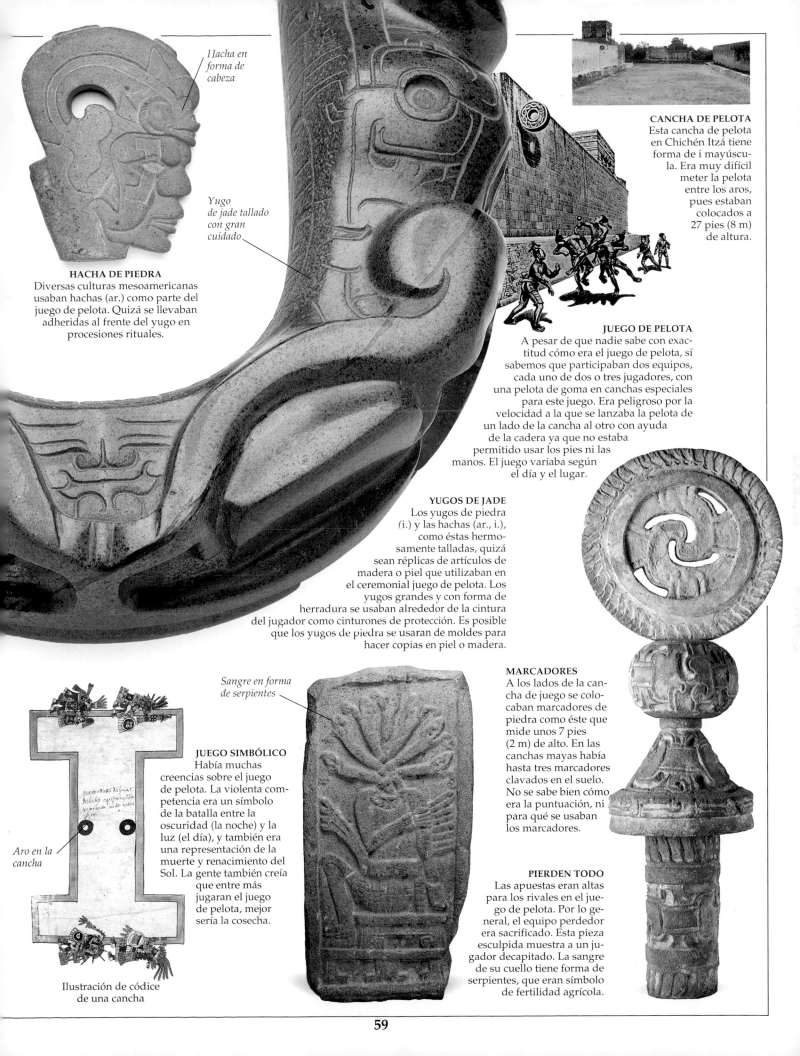

Bestiario

LA FAUNA en las Américas era muy rica y variada. Los animales tenían un papel importante en la vida diaria, así como en las religiones de ambas regiones. Muchas piezas de arte están decoradas con imágenes de animales que eran importantes, como zorros, búhos, colibríes, jaguares, águilas y llamas.

Los mesoamericanos domesticaron a algunos animales como el pavo y el perro, mientras que los andinos domesticaron a la alpaca y la llama. Estas últimas, junto con sus parientes, los guanacos y las vicuñas, eran de gran valor por su lana y carne, y como bestias de carga. En ambas regiones abundaban venados, conejos, patos y otras clases de aves comestibles. La fauna en bosques tropicales incluía al felino más grande del mundo, el jaguar, que al igual que las serpientes era adorado y temido.

VARIEDAD DE AVES
Mesoamérica tenía una variedad de aves tropicales de colores brillantes como los loros, guacamayas y quetzales. Sus plumas se usaban para decorar ropa y objetos (págs. 48-49).

QUETZAL
Esta ave era sumamente valorada por los antiguos mesoamericanos; sus plumas largas y verde oscura fueron tan valiosas como el jade o el oro. A los dioses los cubrían con estas plumas y también las usaban para los tocados de gobernantes y reyes.

TAPIZ DE AVES (ar.)
La cultura paraca es reconocida por sus abundantes textiles ornamentales que se colocaban a un lado de los muertos. Este trozo de tela está decorado con un diseño típico de aves estilizadas.

Esta vasija tolteca es un ejemplo de alfarería de plomo que sobre el barro da un acabado metálico

La figura tiene garras y orejas de gato, y cola de mono

ZORRO
Aztecas e incas cazaban animales como los zorros, los cuales a su vez cazaban y mataban a otros animales. Esta vasija moche tiene la forma de un zorro gruñendo.

"DIABLO" DE TELA
Muchos textiles de Paracas están tejidos o bordados con imágenes de animales, con formas estilizadas. A veces resulta difícil reconocer al animal, debido a las formas geométricas.

PERRO TOLTECA DE CERÁMICA
Aztecas y mayas ponían en engorda y comían algunas razas de perros, aunque los incas creían que era una costumbre repugnante. Los perros iban a las expediciones de caza. Según su religión, los perros eran importantes en la otra vida ya que ayudaban a los muertos a cruzar ríos.

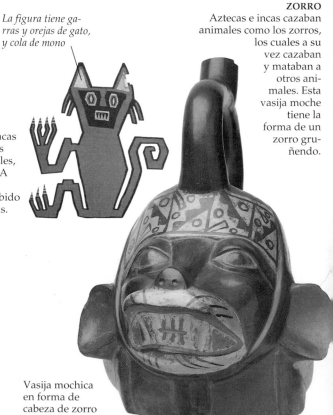

Vasija mochica en forma de cabeza de zorro

Las vicuñas viven en los pastizales de montañas andinas

Las vicuñas miden 30 pulg (80 cm) hasta el lomo

ARMADILLO

Los aztecas comían carne de armadillo, la cual es blanca y sabe a pollo. Los mayas asociaban al armadillo con la vida después de la muerte.

Algunos armadillos crecen hasta 4 pies (1.2 m) de largo

El armadillo es un mamífero nocturno que vive en áreas tropicales

ALPACA

La alpaca vive en las tierras altas de los Andes. Los antiguos peruanos las tenían en rebaños junto con las vicuñas, ya que su larga lana era ideal para tejer. Sus parientes, el guanaco y la llama, eran sacrificados para comer su carne, a pesar de que la llama servía como animal de carga. Los antiguos andinos hacían ofrendas a este animal, ya que era una contribución a su sustento.

Vasija zapoteca que quizá se usaba como incensario

VICUÑAS

Al igual que la alpaca, la vicuña (ar.) era un animal que producía lana, la cual tenía una textura suave y elegante como de seda. La nobleza inca usaba atuendos tejidos con lana de vicuña.

Ocelote

OCELOTE

A este gato montés también se le conoce como tigre mexicano. El ocelote era muy temido. Algunos guerreros usaban piel de occlote para luchar.

Jaguares, ocelotes y pumas vivían en bosques tropicales.

PUMA

El puma es un animal nativo de América al cual cazaban por su piel.

Puma

Jaguar

JAGUAR SAGRADO

El jaguar era uno de los símbolos más poderosos en Mesoamérica y Sudamérica. Su fuerza, ferocidad, astucia y habilidad para cazar eran muy admiradas. Esta vasija zapoteca (d.) tiene la forma de un jaguar parado sobre tres patas.

Pata decorada con cabeza de un jaguar bebé

La conquista española

CUANDO LOS ESPAÑOLES LLEGARON a América no sabían nada acerca de la cultura andina ni mesoamericana, que tenían poderosos imperios, majestuosos palacios, espléndidos trabajos de ingeniería y religiones que influían en todos los aspectos de la vida. Los americanos tampoco sabían de la vida de los españoles. Moctezuma, el emperador azteca, ya había tenido presagios de un inminente desastre. También Huayna Capac, el emperador inca, había escuchado que habían llegado hombres extraños y barbudos a la costa. Cuando Cortés llegó a México en 1519 y Pizarro llegó a Perú en 1532, conquistaron el territorio con facilidad. A pesar de que el ejército español tenía pocos soldados, era más poderoso con sus caballos y cañones. Cortés tuvo la ventaja de que los aztecas creyeron que era el rey o dios Quetzalcóatl. En poco tiempo destruyeron el mundo azteca e inca: los templos fueron derrumbados y sus emperadores asesinados. Los mayas resistieron hasta 1542, cuando los españoles establecieron una capital en Mérida.

MOCTEZUMA SALUDA A CORTÉS
Cuando se conocieron, Cortés saludó a Moctezuma con una reverencia, y Moctezuma le dio maravillosos regalos de oro, piedras preciosas como jade y objetos emplumados. Cortés montaba un caballo y a Moctezuma lo llevaban en una litera. Los soldados españoles portaban armaduras de hierro, mientras que los aztecas llevaban capas sencillas de algodón. Este encuentro sería decisivo en la conquista de México. En ese momento, Moctezuma dudaba de la verdadera naturaleza de Cortés: ¿era humano o dios?, ¿su enemigo o su salvador? Los eventos venideros mostraron que era lo primero.

MASACRE
Los conquistadores buscaban riquezas. Si los nativos oponían resistencia, los conquistadores los mataban. Esta ilustración muestra una expedición a Michoacán al oeste de México, donde varios nobles locales fueron asesinados por negarse a decir dónde estaban escondidos sus tesoros.

Guerreros del estado de Tlaxcala apoyaron a los conquistadores

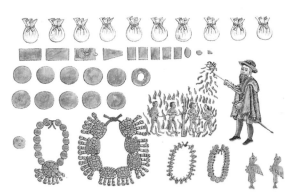

MUERTE DORADA
Esta escena tomada del Códice Kingsborough muestra a un recaudador tributario español castigando a los indios mexicanos en Tepetlaoztoc. A este recaudador se le conocía como *encomendero* (colonialista español privilegiado). Los indios que están siendo quemados no pagaron su tributo a tiempo. El tributo requerido consistía en bolsas de maíz y joyería de oro.

*Doblones de oro hechos
con oro de Sudamérica*

ENFERMEDAD QUE SÓLO EL ORO PODÍA CURAR
Para obligar a los mesoamericanos y
sudamericanos a darles su oro, los españoles
les decían que tenían una enfermedad que
sólo el oro podía curar. Cortés y Pizarro
fueron a las Américas en busca de oro, el
cual encontraron en grandes
cantidades. Al inicio de la conquista,
Cortés envió un botín al rey Carlos V
de España, el cual incluía objetos de
oro y plata, entre otros bienes. Al
pasar de los años, se enviaron en
barco a España enormes cantidades
de oro. Hoy en día, los techos
de varias iglesias españolas son de
oro de América.

CASTIGOS CORPORALES
Esta ilustración muestra algunos de los
castigos corporales que los incas
sufrían a manos de los españoles, entre
ellos palizas y estar colgarlos de
cabeza. La crueldad de muchos
conquistadores hizo que algunos
frailes españoles se dedicaran a
denunciar el comportamiento de
sus compatriotas.

*Francisco
Pizarro,
conquistador
de Perú*

Vaso inca
de madera
hecho para
Pizarro

SED DE ORO
Esta caricatura muestra al
avaro Francisco Pizarro
contemplando el oro de su
nueva mina peruana.
Pizarro no entendía a la
civilización que ayudó a
destruir.

VASO DEL CONQUISTADOR
Este *kero* de madera (p. 50) muestra al conquistador de
Perú, Francisco Pizarro. Bajo el mando de Pizarro, se
estableció el control español sobre el imperio inca.
Hacían que la gente abandonara sus tierras irrigadas y
los obligaban a extraer más metales preciosos. El
cristianismo se impuso a los incas, pero tardaron en
aceptar la nueva religión y continuaron con sus antiguas prácticas. Los incas siguieron haciendo algunas
artesanías, como tejidos y *keros* de madera como éste.

Índice

Reconocimientos

Dorling Kindersley agradece a:
Dra. Mari Carmen Serra Puche y a quienes ayudaron con las fotografías en el Museo Nacional de Antropología, Ciudad de México; Prof. Eduardo Matos Moctezuma y a quienes ayudaron con las fotografías en el Museo del Templo Mayor, Ciudad de México (INAH-CNCA-México); Phil Watson del Museo de Birmingham; Maureen Barry del Royal Museum of Scotland; Museo Británico; Pitt Rivers Museum; Cambridge University Museum of Archaeology and Anthropology; Reynaldo Izquierdo (México) y Eugene Staken por su ayuda; Sue Giles del City of Bristol Museum; Jabu Mahlangu, Manisha Patel, Jill Plank, y Sharon Spencer por ayudar en el diseño; Katharine Thompson; Lic. Víctor Hugo Vidal Álvarez y Lic. Javier García Martínez de la Oficina de Turismo, Ciudad de México; Lynn Bresler por el índice; John Woodcock y Andrew Nash por ilustrar. **Fotografía adicional**: Geoff Dann (24ar.d.); Steve Gorton (39ar.i.); Peter Hayman (60c.i.; 60c.); Dave King (61ab.c.); James Stephenson (14ab.i.; 62-63ar.; 63ab.i.); Jerry Young (61ar.d.; 61c.i.).
Créditos fotográficos: ar. = arriba; ab. = abajo; c. = centro; i. = izquierda; d. = derecha.
Museo Arqueológico, Lima/e.t. archive: 20ab.i., 38ab.d., 51ab.d., 55ab.d.; Arteaga Collection, Lima/e.t. archive: 15c.d.; Biblioteca Medicea Laurenziana, Florencia: 14ar.c.i., 48ar.i., 51c.; Biblioteca Nacional, Madrid/Bridgeman Art Library: 62c.i.; Biblioteca Nazionale Centrale, Florencia: 21ar.i./Photo - Scala: 35c.i., 37ar.i.; Bibliothèque de l'Assemblée Nationale, Paris: 30ab.i., 56ab.i., 59ab.i.; Bristol Museums and Art Gallery: 29ab.d., 46c., 49ab.i., 62ab.d.; Biblioteca Británica/Bridgeman Art Library: 17c., 19ar.i.;

Museo Británico/Bridgeman Art Library: 54ab.i.; J.L. Charmet: 37ab.i., 44ab.i.; Bruce Coleman Ltd.: 16ar.d., 19ar.d., 60ar.d., 61ar.i., 61ar.c.; Dorig/Hutchison Library: 7ar.d., 30c.i., 34ar.d.; e.t. archive: 22c., 32ar.i., 33ar.c.i., 38c., 40c.d., 51ab.d., 57c., 58ar.i.; Mary Evans Picture Library: 33c.i., 45ar.c., 62ab.i./Explorer: 40ar.i.; Robert Harding Picture Library: 11ab.i., 17ar.c., 18c.d., 18ab.i.; Michael Holford: 16c., 17ar.d., 33ab.i., 54ab.d., 56ar.i.; Hutchison Library: 59ar.d.; Kimball Morrison, South American Pictures: 18ar.d.; Tony Morrison, South American Pictures: 13ar.i., 13ab.d., 15ab.c., 18c.i., 27ar.i., 27ar.c.i., 30ar.d., 33ar.d., 40ab.c., 42ar.i., 43ar.c., 57ar.d.; Museo de la Ciudad de México/Sapieha/e.t. archive: 12ar.c.; Museo de América, Madrid/Photo - Scala: 6ab.d.; Museum Für Vülkerkunde, Viena: 49c.d.; Museum of Mankind/Bridgeman Art Library: 26ar.c.i., 52ab.d.; Palacio Nacional, Ciudad de México/Giraudon/Bridgeman Art Library: (Diego Rivera 'La Civilisation Zapotheque') 9ab.i., (Diego Rivera 'Cultivation of Maize') 24ab.c.,

(Diego Rivera 'The Market of Tenochtitlán') 53ab.i., /e.t. archive 26c., (Diego Rivera 'Tarascan Civilisation') 42c.d.; Peter Newark: 59ar.c.d.; NHPA/Bernard: 13ar.c.i./Woodfall: 19ab.; Pate/Hutchison Library: 17ar.c.d.; Private Collection/Bridgeman Art Library: 63ab.d.; Rietberg Museum, Zurich: 10ab.i.; Nick Saunders/Barbara Heller: 18c., 19ar.c.i., 23ar.i., 31ar.d., 63ar.d.; Ronald Sheridan/Ancient Art and Architecture Collection: 51ar.c.d.; South American Pictures: 34c.; University Museum, Cuzco/e.t. archive: 10ar.d.; Werner Forman Archive/Museo de Antropología, Veracruz: 9ar.d.; /Edward H. Merrin Gallery, Nueva York: 45ar.d., /MNA, Ciudad de México: 53ar.i.; Michel Zabé: 30-31, 36ab.i., 47ar.c.i., 49c., 50ar.i., 51ar.d., 52ab.i., 52c., /MNA, Ciudad de México: 29ar.i. Hemos hecho los mayores esfuerzos para contactar a los propietarios de los derechos; nos disculpamos por cualquier omisión involuntaria. Nos agradaría incluir el reconocimiento adecuado en cualquier futura edición de esta obra.